Moral ohne Bekenntnis?

Moral ohne Bekenntnis?

Zur Debatte um Kirche
als zivilreligiöse Moralagentur

Dokumentation der XVII. Konsultation
Kirchenleitung und wissenschaftliche Theologie

Im Auftrag der Vereinigten Evangelisch-
Lutherischen Kirche Deutschlands (VELKD)
herausgegeben von
Claas Cordemann und Gundolf Holfert

EVANGELISCHE VERLAGSANSTALT
Leipzig

Bibliographische Information der Deutschen Nationalbibliothek
Die Deutsche Nationalbibliothek verzeichnet diese Publikation in der
Deutschen Nationalbibliographie; detaillierte bibliographische Daten
sind im Internet über http://dnb.dnb.de abrufbar.

© 2017 by Evangelische Verlagsanstalt GmbH, Leipzig
Printed in Germany

Cover: Thomas Puschmann – fruehbeetgrafik.de – Leipzig
Satz: EVANGELISCHE VERLAGSANSTALT GmbH, Leipzig
Druck und Binden: Hubert & Co., Göttingen

ISBN 978-3-374-05158-8
www.eva-leipzig.de

Vorwort

Im regelmäßigen Abstand von drei Jahren findet die Konsultation „Kirchenleitung und wissenschaftliche Theologie" statt, die Lehrenden an Hochschulen sowie kirchenleitenden Personen ein Forum für den theologischen Diskurs bietet. Sie wird abwechselnd von der Vereinigten Evangelisch-Lutherischen Kirche Deutschlands (VELKD) und der Union Evangelischer Kirchen (UEK) verantwortet und in Kooperation mit der Evangelischen Kirche in Deutschland (EKD) vorbereitet. Die Beiträge in diesem Band dokumentieren die XVII. Konsultation Kirchenleitung und wissenschaftliche Theologie, die vom 16. bis 18. September 2015 unter der Federführung der Vereinigten Evangelisch-Lutherischen Kirche Deutschlands (VELKD) in Eisenach stattfand. Das Thema lautete: „Kirche und Theologie als Moralagenturen der Gesellschaft?". Leitende Geistliche und Vertreter der theologischen Fakultäten haben das Verhältnis von Theologie und Moral diskutiert. Liturgie und Predigt, Funktion der Medien, Stellungnahmen und Sozialworte der Kirchen, Rolle von Kirche und Theologie in der säkularen Moderne – mit diesen Stichworten ist das bearbeitete Themenfeld umrissen.

Neben den Referentinnen und Referenten gebührt ein besonderer Dank der gemeinsamen Vorbereitungsgruppe von VELKD, UEK und EKD unter der Leitung von Oberkirchenrä-

tin Dr. Mareile Lasogga: Prof. Dr. Michael Beintker, Oberkirchenrat Dr. Martin Evang, Oberkirchenrätin Prof. Dr. Hildrun Keßler, Landesbischof Dr. Karl-Hinrich Manzke, Prof.
Dr. Michael Roth und Kirchenpräsident Christian Schad.

Die Herausgeber

Inhalt

Claas Cordemann

Kirche als Moralagentur?
Eine Einleitung

Im gesellschaftlichen Diskurs und in der medialen Wahrnehmung kommen Kirche und Theologie vornehmlich vor,
wenn es um die moralischen Grundlagen des Zusammenle-
bens geht. So melden sie sich etwa mit öffentlichen Stellungnahmen, durch Sozialworte oder mit Denkschriften zu Wort.
Wahrgenommen werden Kirche und Theologie, wenn sie an
die Fragen andocken, die die mediale Öffentlichkeit umtrei-
ben. Insbesondere wenn es um sozialethische Fragestellun-
gen geht, sind Vertreterinnen und Vertreter von Kirche und
Theologie in den Medien gefragt. Von den drei kantischen
Fragen – „Was kann ich wissen?", „Was soll ich tun?", „Was
darf ich hoffen?" – hat sich in der medialen Kommunikation
der Fokus von der dritten – nach Kant genuin religiösen –
Frage auf die zweite Frage nach der Handlungsorientierung
verschoben. Die Kritik von Schleiermacher[1] und vor ihm
schon von Herder[2] an der Vermengung von Religion und Moral scheint nur noch ein ferner Nachhall zu sein. Die Repräsentanten von Kirche und Theologie nehmen gerne die ihnen
angetragene Rolle an, in Zeiten der moralischen Unübersicht-

---

[1] Vgl. die zweite Rede „Über das Wesen der Religion" in: Friedrich Schleier-
    macher, Über die Religion. Reden an die Gebildeten unter ihren Veräch-
    tern (1799), hrsg. v. Rudolf Otto, Göttingen 71991, 41–99.
[2] „Kein Lehrer der Moral, sondern *Diener der Religion, Verkünder des Worts
    Gottes*" soll der Prediger sein, so Herders Polemik gegen ein Verständnis

lichkeit für Orientierung zu sorgen. Beispiele aus den letzten Jahren sind die Debatten um die Flüchtlingskrise, die Sterbehilfe, die Sexualethik, den Klimawandel und den Finanzkapitalismus, in denen sich die Kirche zu Wort gemeldet hat und zum Teil aktiv auf politische Entscheidungen Einfluss genommen hat. Gegenüber dieser Tendenz geht der Tenor der Beiträge der XVII. Konsultation dahin, dass Kirche und Theologie weniger unmittelbare Verhaltensnormierungen anstreben, als vielmehr die Fähigkeit zur eigenen Urteilsbildung in ethischen Fragen stärken sollten. Insofern ist es als ein Selbstmissverständnis anzusehen, wenn die Kirchen sich als Moralagenturen verstehen.

In diesem Sinne versuchen die Beiträge, die in diesem Band versammelt sind, das Verhältnis von Religion und Glaube zu Ethik und Moral zu umreißen: Wie verhält sich die Hoffnung des Glaubens auf den Gott, der rettet, zur ethischen Verantwortung der Kirchen als Teil der Zivilgesellschaft? Wie steht der Wahrheitsanspruch des Evangeliums zur Vermittlung von Werten in und für diese Gesellschaft? Sind Kirche und Theologie verführt, den faktischen Relevanzverlust des Glaubens wie auch der kirchlich-theologischen Institutionen in der gesellschaftlichen Öffentlichkeit auf ethischem Gebiet auszugleichen? Laufen sie Gefahr im Kampf um mediale Aufmerksamkeit, sich selbst zu säkularisieren und die christliche Botschaft zu nivellieren? Können Theologie und Kirche den Gott der Hoffnung zur Sprache bringen in einer Gesellschaft, die Gott offenbar nicht braucht, um sich selbst und diese Welt

---

des Predigtamtes im Sinne einer Moralagentur in: Johann Gottfried Herder, An Prediger. Fünfzehn Provinzialblätter (1774), in: Ders., Werke in zehn Bänden, Bd. 9/1 Theologische Schriften, hrsg. v. Christoph Bultmann und Thomas Zippert, Frankfurt am Main 1994, 89.

zu deuten und zu gestalten? Die Beiträge in diesem Band gehen diesen Fragen in Bezug auf Predigt und Liturgie, den Umgang mit Medien sowie öffentlichen Stellungnahmen und Sozialworten der Kirchen nach. Die abgedruckte Reihenfolge der Vorträge folgt dem Verlauf der Konsultation.[3]

Michael Meyer-Blanck konturiert die Frage nach der moralischen Funktion der Liturgie im Gottesdienst durch eine antithetische Figur. Einerseits sei der Gottesdienst mit seiner Liturgie vermittels seines öffentlichen Charakters auf die Gesellschaft als Ganze bezogen. Insofern eigne ihm ipso facto eine moralisch-normative Funktion. In allen Teilen der Liturgie werde ihre moralische Funktion sichtbar. Ob im Kyrie, in den biblischen Lesungen oder den Liedern – überall werden moralische Anmutungen transportiert und wirken so auf das moralische Bewusstsein der Gesellschaft. Andererseits weist Meyer-Blanck darauf hin, dass die Liturgie ihrem Selbstverständnis nach gerade keine moralische Funktion für die Gesellschaft haben kann und will. In Anschluss an Friedrich Schleiermacher betont er den selbstzwecklichen Charakter der Liturgie als Form des darstellenden Handelns im Unterschied zum wirksamen Handeln. In dieser Hinsicht sei die liturgische Kommunikation etwas kategorial anderes als die moralische Kommunikation. Die Liturgie als Fest begriffen unterbreche die Wirklichkeit und habe ihren Sinn nirgends als in ihrem Vollzug selbst. Diese Antithese wird von Meyer-Blanck in die Paradoxie hinein transformiert, dass die Kirche dann ihr moralisches Potenzial der Liturgie in der Gesellschaft zur Geltung bringen kann, wenn sie es gerade nicht auf

---

[3] Den Eröffnungsvortrag hatte seinerzeit Hans Joas gehalten. Seine Gedanken zu diesem Thema liegen in einem separaten Druck vor: Hans Joas, Kirche als Moralagentur? München 2016.

moralische Wirksamkeit anlege. Die transformierende Kraft der Liturgie liege in ihrem Charakter als einer genuin religiösen Rede, die um das „Zugleich" von den Möglichkeiten wie den Grenzen moralischer Kommunikation wisse.

An diese liturgietheoretischen Überlegungen knüpft *Corinna Dahlgrün* an, wenn sie betont, dass es die klassische und gern karikierte Moralpredigt kaum noch gebe. Die Moral sei faktisch in das Fürbittengebet ausgewandert, das vielfach als Predigtanhang fungiere. Dahlgrün entfaltet ihre Überlegungen im Rekurs auf einige Predigtbeispiele. Sie kommt zu dem Ergebnis, dass weniger moralisch-appellative Predigten in der gegenwärtigen Gottesdienstlandschaft das Problem seien, sondern vielmehr die Tatsache, dass viele Prediger und Predigerinnen ihren Gemeindegliedern Handlungen oder Haltungen unterstellen, die dann als Negativfolie für die Predigt herhalten müssen. Im Rahmen der Predigtarbeit sei es ein notwendiger Schritt, sich diese Unterstellungen bewusst zu machen und ggf. zu korrigieren. Insgesamt fänden sich nur wenige Beispiele für Predigten, die zu einem begründeten ethischen Urteil kommen. Verstärkt werde diese sich eines ethischen Urteils oder eines moralischen Appells enthaltende Haltung noch, wenn Predigten sich methodisch der Formulierung einer benennbaren Predigtintention bewusst enthalten. Eine Predigt, die keine zentrale Botschaft mehr benennen will, sondern sich dem assoziativen Spiel überlasse, könne auch keine moralischen Aussagen mehr formulieren. Wo aber die Moral fehle, mithin auch kein Anspruch mehr formuliert werde, da fehle auch oft das Evangelium.

Über Beobachtungen zum sakramentalen Bußinstitut nähert sich *Notger Slenczka* dem kirchlichen Umgang mit den Medien. Anhand von medialen Skandalisierungen der letzten Jahre – prominent im „Fall Wulff" – zeigt Slenczka auf, wie das mediale Bußverfahren strukturell und inhaltlich weitgehend dem mittelalterlichen und frühneuzeitlichen Bußritual in seinen Elementen von *contritio cordis, confessio oris* und *satisfactio operis* gleicht. An einem entscheidenden Punkt liege jedoch eine erhebliche Differenz vor. Das mediale Bußverfahren sehe keine öffentlich-allgemein anerkannte Absolution mehr vor. Worin einst das Amt des Priesters bestand, befände sich heute eine Leerstelle. Wenn überhaupt, dann scheinen Zuschauer-Umfragen diese Funktion einzunehmen, wenn der Mehrheit der Befragten etwa die Reue des Delinquenten glaubwürdig erscheine. Slenczka will aber nicht auf das Theorem der medialen „Übertribunalisierung" (Odo Marquard) hinaus. Er fragt vielmehr danach, welche Rolle die Kirchen und die Theologie bei solchen Vorgängen spielen. Sein Impuls ist wesentlich ein selbstkritischer. Denn, so Slenczka, es sei regelrecht „unheimlich", dass die Vertreterinnen und Vertreter von Kirche und Theologie zu solchen Vorgängen schweigen. Dabei läge gerade hier die Möglichkeit der Kirchen, auf ihrem ureigensten Gebiet einen Beitrag zum gesellschaftlichen Diskurs zu leisten – indem sie darauf hinweisen, dass nur solch ein Umgang mit der Schuld heilvoll sein könne, der auch die Möglichkeit zur Vergebung biete. Wenn Kirche und Theologie die theologische Einsicht der Unterscheidung von Person und Tat in solche Vorgänge einspielen würden, bestünde die begründete Hoffnung, dass sie als mehr denn nur als Moralagenturen wahrgenommen würden.

Dieser kritische Impuls wird durch *Matthias Kamann* aufgenommen, wenn er den medialen Außenblick auf das mediale Agieren der Kirchen wirft. Denn, so seine Ausgangsthese, die Kirchen seien wesentlich selbst dafür verantwortlich, wenn sie in und durch die Medien als Moralagenturen wahrgenommen werden würden. Wenn die Kirchen sich öffentlich zu Wort melden, dann zu gesellschaftspolitischen Themen wie der Sexual- und Familienethik, dem Umgang mit Flüchtlingen oder der Sterbehilfe. Gerade in einer säkularer werdenden Gesellschaft lasse sich das Religiöse kaum noch anders denn über das Moralische kommunizieren. Und hierin, so betont Kamann, liege auch kein grundsätzliches Problem, denn die Religion habe geschichtlich immer dann eine gesellschaftliche Relevanz gehabt, wenn ihre „moralische Abstrahlungswärme" hoch gewesen sei. Im Sinne einer systemischen Selbsterhaltung sei es insofern nicht nur klug, sondern für die Kirchen geradezu geboten, in der medialen Kommunikation auf Moral zu setzen. Denn nur dadurch, dass die Kirchen diese Funktion als Moralagenturen aktiv angenommen haben, komme ihnen eine gesellschaftliche Bedeutung zu, die sie ohne diesen Rekurs auf Moral längst verloren hätten. Nach Kamann gehöre es zu den Eigentümlichkeiten, dass es unthematisiert bleibe, woraus sich der besondere moralische Anspruch der Kirchen eigentlich speise. Die biblischen, religiösen oder theologischen Gründe, aus denen die Kirchen handeln, würden nicht benannt und die Gesellschaft erwarte hier auch keine Aufklärung. Der gesellschaftspolitische Einfluss der Kirchen bestehe gerade darin, dass die religiösen Gründe „beschwiegen" werden. Wollen die Kirchen mehr als Moralagenturen sein, müssten sie ihre Glaubensvoraussetzungen kommunizieren. Aber genau das könne wiederum ihren Einfluss fraglich werden lassen, wenn die aktuelle gesellschaftspolitische Bedeutung der Kirchen für moralische Fragen tatsächlich gerade auf der Nichtthematisierung ihrer religiösen Voraussetzungen basiert.

Johannes Fischer beginnt seine Betrachtung zur Rolle der Moral in den öffentlichen kirchlichen Stellungnahmen zu ethischen Fragen mit der fundamentalethischen Unterscheidung zwischen einer Gesetzesmoral und einer Moral der Liebe. Während das gesetzesmoralische Handeln prinzipientheoretisch aus seiner moralischen Gebotenheit folge, sei das liebesmoralische Handeln an der Situation der Bedürftigen orientiert. Prägend für die gegenwärtigen moralischen Diskurse – sowohl in wissenschaftlicher als auch gesellschaftlicher Hinsicht – sei das Paradigma der Gesetzesmoral. Demgegenüber betont Fischer, dass eine Ethik in evangelischer Perspektive allein einer Moral der Liebe folgen dürfe. Die Stärke dieses Paradigmas liege darin, dass die konkreten situativen, lebensweltlichen und konflikthaften Bezüge des Handelns in die ethische Urteilsfindung konstitutiv einbezogen und nicht normativ übersprungen werden. Doch gerade kirchliche Stellungnahmen würden nicht selten dem Typus der Gesetzesmoral folgen. Das sei in einer doppelten Weise fragwürdig: zum einen sei dem Typus der Gesetzesmoral durch die Rechtfertigungslehre grundsätzlich der Boden entzogen worden, zum anderen sei zu fragen, wie plausibel es überhaupt sei, in ethischen Konfliktfällen eine Position zu *der* christlichen Position zu erklären. Beispiele solchen gesetzesmoralischen Denkens sind für Fischer die Stellungnahme des Rates der EKD zur Präimplantationsdiagnostik sowie die Orientierungshilfe des Rates der EKD zur Inklusion. Fischer stellt es grundsätzlich in Frage, dass sich die Kirche zu allen moralisch aufgeladenen Debatten überhaupt äußern muss. Er betont, dass Christinnen und Christen in fundamentalen ethischen Fragen durchaus verschiedener Auffassung sein können. Wenn der Kirche hier eine sinnvolle Aufgabe zukomme, dann nicht quasi *ex cathedra* die eine Position als „christlich" zu bestimmen, sondern vielmehr ihre Adressaten in die Lage zu versetzen, zu einem eigenständigen Urteil zu kommen, indem ihnen die Argumente für und wider auseinandergesetzt werden. So warnt Fischer davor, dass die Kirche angesichts ihres gesellschaftlichen Bedeutungsverlustes der Versuchung erliegt, sich in die Rolle einer Moralagentur im Sinne einer Gesetzesmoral drängen zu lassen.

Nach diesen fundamentalethischen Erwägungen geht *Peter Schallenberg* auf die Sprache der Ökumenischen Sozialinitiative ein. Er stellt fest, dass das Ziel, einen gleichermaßen fundierten wie allgemein verständlichen Text zu verfassen, erreicht worden sei. Gleichwohl hätte es einige kritische Nachfragen zu diesem Text gegeben. So seien sowohl die Sprecher – „die Kirchen" – als auch die Adressaten – „alle Interessierten" – nicht hinreichend qualifiziert. Ebenso seien die Aussagen zu ausgewogen und allgemein gehalten und gingen an den tatsächlichen Nöten vieler Menschen vorbei. Schallenberg betont demgegenüber, dass insbesondere diese Kritik dem Wesen von Texten entspreche, die in Gremien erarbeitet und von Gremien rezipiert werden. Hier gehe es nicht ohne die Bereitschaft zum Kompromiss. Überdies, betont Schallenberg, dürfen Texte dieser Gattung nicht zu konkret sein. Die Allgemeinheit der Aussagen halte diese Texte auch über tagespolitische Ereignisse hinaus im Diskurs. Indem in grundsätzlicher Weise hier das christliche Menschenbild kommuniziert werde, könne dieses in verschiedenen gesellschaftlichen Situationen in jeweils aktuelle Diskurse neu eingebracht werden. Die Unbestimmtheit wäre so ihre Stärke.

Elisabeth Gräb-Schmidt nimmt ihren Ausgangspunkt bei der Beobachtung, dass die Kirchen in den großen gesellschaftlichen Debatten wie etwa um die Flüchtlingsfrage und die Sterbehilfe aktuell von der Öffentlichkeit stark in Anspruch genommen werden. Dass die Kirchen hier faktisch als

moralische Akteure agieren, sei aber von der Frage zu unterscheiden, ob und inwieweit diese Inanspruchnahme vor dem
Hintergrund einer systemisch ausdifferenzierten Gesellschaft angemessen sei. Zur Beantwortung dieser Frage legt
Gräb-Schmidt den Fokus ihrer Betrachtung auf zwei Aspekte:
den Bereich der Werte als Instanzen moralischer Orientierung sowie die Unterscheidung und Funktion der Sphären
des Privaten und des Öffentlichen. In beiden Hinsichten, so
Gräb-Schmidt, lasse sich das Defizit der Moderne veran-
schaulichen, dass diese mit der Verabschiedung der Religion
zugleich die Fähigkeit verloren habe, sich auf die in ihr verborgenen Transzendenzdimensionen zu verständigen. Demgegenüber ist es die These Gräb-Schmidts, dass der Religion
auch in der Moderne die Funktion zukomme, die Transzendenzdimensionen des Denkens und Handelns zur Geltung
zu bringen. Dieser Transzendenzbezug sei überhaupt erst die
Bedingung der Möglichkeit für eine ethisch relevante Moral.
Der spezifische Beitrag reformatorisch inspirierter Theologie
sei es darüber hinaus, auf die Ambivalenz der säkularen Moderne hinzuweisen. Die Moderne habe die Ambivalenz der
Freiheit und der Vernunft verkannt. Kirche dürfe sich dementsprechend nicht selbst als eine moralische Akteurin sehen.
Sie sei nicht Hüterin der Moral, wohl aber der Moralität. Ihre
Aufgabe bestehe mit anderen Worten darin, gleichermaßen
über die Bedingung der Möglichkeit von Moralität wie über
ihre Verstellungen aufzuklären.

Der Durchgang durch die Texte zeigt: Es geht nicht darum, ob sich die Kirche zu moralischen Fragen der gesellschaftlichen Debatte äußert, sondern wie sie das tut. In seinem stark beachteten Essay anlässlich des Reformationsjubiläums hält Wolfgang Schäuble fest: „Von der Reformation
kann und muss aber auch der Christ heute lernen, dass Reli-

gion, um politisch zu sein, erst einmal Religion sein muss."[4] In diesem Sinne gilt es auch für die Kirche, dass sie gerade dann moralische Orientierungskraft ausstrahlen kann, wenn sie sich auf ihren geistlichen Grund besinnt. Kirchliche Moral ohne Bekenntnis wird fade und ist letztlich ein wurzelloser Baum. Zu der hier nötigen Besinnung gehört es wahrzunehmen, dass Christenmenschen in ethischen Fragen zu unterschiedlichen Auffassungen kommen können – auch aus christlich-religiösen Gründen. In diesem Sinne wäre es nicht die Aufgabe der Kirche, unmittelbar moralisch normierend in gesellschaftliche Debatten einzugreifen, sondern vielmehr Christinnen und Christen in die Lage zu versetzen, ihre Gewissen zu schärfen, damit sie selbst begründete moralische Urteile fällen können.

---

4 Wolfgang Schäuble, Protestantismus und Politik, München 2017, 17.

Michael Meyer-Blanck

Die christliche Liturgie als Moralagentur der Gesellschaft

Von der Wortherkunft und vom Sachgehalt her ist die Liturgie der öffentliche Gebetsdienst der Kirche. Zu diesem Gebetsdienst gehört auch die Predigt als Unterbrechung des Ritus im Kontext des Ritus. Die Predigt ist dabei die Liturgie in der Form der Selbstunterscheidung. Die Predigt dient dem öffentlichen Beten, indem es dieses selbstreflexiv zu sich ins Verhältnis setzt und über sich selbst aufzuklären sucht. Predigt und Liturgie sind nicht beziehungslose Bestandteile; sie stehen in einem dialektischen – nicht in einem antagonistischen – Beziehungsverhältnis.

Über die Predigt werde ich im Folgenden verabredungsgemäß *nicht* sprechen; ich lasse mich auf die Vorgabe der Veranstalter bewusst ein und werde die Liturgie ausnahmsweise isoliert betrachten. Das ist nur begrenzt sinnvoll, aber dennoch reizvoll, da so eine verfremdende Perspektive in die Liturgietheorie hineinkommt. Denn das Genus der „Moralpredigt" ist bis in die Alltagssprache hinein allzu bekannt, sowohl in seinen wichtigen Implikationen als auch in seinen Risiken und Nebenwirkungen, zu denen man am besten seinen Hörer oder Homiletiker befragt.

Von einer „Moralliturgie" oder von einem „Moralgebet" dagegen habe ich noch nichts gehört – trotz der Tugendgebete, die man aus der Liturgiegeschichte gewiss auch beibringen kann.* Der Prägnanz halber verzichte ich im Folgenden auf historische Herleitungen wie auf diskursive Begründungen und lege stattdessen sieben Thesen mit Erläuterungen vor.

These 1

Die Liturgie der Kirche ist die öffentlich performative Gestalt des christlichen Religionssystems. Als solche ist sie selbstverständlich auch eine Moralagentur der Gesellschaft. Der Öffentlichkeitscharakter der Liturgie impliziert die gesellschaftliche Verantwortung und damit auch die Spannungsfelder von „gut und böse", „human und inhuman", „lebensförderlich und lebensgefährdend". Die Liturgie wird in diesem Sinne mindestens von den Rezipienten moralisch interpretiert.

Erläuterung: Die Liturgie als der *öffentliche* Gebetsdienst der Kirche ist nicht nur auf die Kirche – als Organisation und als Institution – bezogen, sondern auf die Gesellschaft insgesamt. Der Gottesdienst ist keine Vereinsversammlung von Kirchenmitgliedern, sondern öffentliche Pflege des Gebets als Dimension von Gesellschaft. Da gesellschaftliche Kommunikation immer zugleich deskriptiv und normativ ist, trifft das auch für den Gottesdienst zu. Liturgisch wird thematisiert, was *ist* und was sein *sollte* bzw. was besser nicht sein sollte. Insofern ist der Gottesdienst selbstverständlich – wie auch das Bildungssystem, das Theater und die Medien – eine Moralagentur der Gesellschaft.

---

*   Michael Meyer-Blanck 2011, 166 ff.; Carl Clemen 1910, 82 ff.: „Lasst uns zu solchen guten Entschließungen uns durch gemeinschaftliches Gebet ermuntern [...]" (Agende Schlesw.-Holst. 1797).

These 2

Die moralische Funktion der Liturgie ist in allen ihren Teilen unübersehbar. Das gilt für die Gebete, die biblischen Lesungen, Lieder und Abkündigungen – bis hin zu den Grußadressen und Bitten der Kirchenleitungen. Alle diese Elemente bieten Präskriptionen für christliches und humanes Handeln bzw. Aufforderungen zum handlungsbezogenen und moralischen Diskurs.

Erläuterung: Man könnte einen moraltheoretischen Durchgang der gesamten Liturgie vornehmen, um diese These zu belegen. Schon die Hinführung zum Kyrie enthält *via negativa* Aufforderungen zu mehr Nächstenliebe sowie zur helfenden Wahrnehmung des Anderen und der Schwachen. Die Epistellesungen machen klare Gegensätze von richtigem und falschem Leben auf – man denke nur an 1Joh 4 (Bruderliebe) am 13. Sonntag nach Trinitatis, an Röm 8 (knechtischer/kindlicher Geist) am 14. Sonntag nach Trinitatis und an 1Petr 5 (Hochmut/Demut) am 15. Sonntag nach Trinitatis. Aber auch prominente Evangelien wie die Seligpreisungen am Reformationstag, das Gleichnis vom Weltgericht am vorletzten Sonntag des Kirchenjahres und die Weihnachtsgeschichte am Heiligen Abend beeinflussen Jahr für Jahr das kollektive moralische Bewusstsein – man denke nur an die aktuelle Flüchtlingsdiskussion in diesen Wochen. Auch an den Liedern, erst recht an den neueren, lässt sich das zeigen (z. B. „Vertrauen wagen", „Wo ein Mensch Vertrauen gibt", „Lasst uns den Weg der Gerechtigkeit gehen"). Am konzentriertesten kommt das Moralische der Liturgie vielleicht in Micha 6,6-8 am 22. Sonntag nach Trinitatis zum Ausdruck: „Es ist dir gesagt, Mensch, was gut ist". In allen Teilen der Liturgie ist demnach das Moralische fraglos gegeben. In seinem jüngsten Buch hat Christian Grethlein der kirchlichen Abendmahlspraxis vorgeworfen, dass sie die Funktionen der Sättigung, Inklusion und Diakonie viel zu wenig wahrnehme – und zwar zugunsten von innerkirchlichen dogmatischen Quisquilien. Man mag von Grethleins These halten, was man will – auf jeden Fall unterstreicht sie die moralische Funktion der Liturgie, indem sie diese gerade in ihrem sakramentalen Kern geltend macht.

These 3

Die Liturgie ist Moralagentur im doppelten Sinne: Hier wird Moral verhandelt und vermittelt. Dabei ist die Reihenfolge wichtig: Das eigenständige Nachdenken muss vor dem Nachmachen stehen.

Erläuterung: Wenn die Liturgie in sachgemäßer Weise Agentur des Guten sein will, dann verläuft das *Vermitteln* über das diskursive *Verhandeln* – und nicht über die Formen von Achtungsentzug oder frommer Erpressung. Ein Christenmensch „ist ein dienstbarer Knecht", aber eben dies nach der eigenen Einsicht und Liebe – und nicht nach der politischen oder frommen Korrektheit. Moral muss verhandelt werden, sie kann nicht dekretiert werden, weil damit ein performativer Selbstwiderspruch gesetzt wäre. (Das aber wäre kein fruchtbares Paradox wie das bekannte pädagogische Paradox des Zwanges zur Freiheit, sondern die Verfehlung der Freiheit durch den Zwang zum Guten.) Die Gesetzlichkeit des öffentlichen Betens ist dabei eine schlimmere Verirrung als die Gesetzlichkeit der Predigt, weil der Achtungsentzug aufgrund von bestimmtem Verhalten im homiletischen Genus zwar ebenso falsch ist, aber immerhin noch den Erwartungen entspricht. Man ist als Hörer auf das Moralische gefasst. Man rüstet sich beim Predigthören argumentativ dagegen, weil man sich ja im rhetorisch-argumentativen Genus befindet. Beim Gebet dagegen ist man dem Moralischen schutzlos ausgeliefert.

These 4

Die Liturgie ist von ihrem Selbstverständnis und von ihrem Potenzial her keine Moralagentur der Gesellschaft. Sie ist vielmehr die Darstellungsform des Religiösen in dessen Unterschiedenheit von Beobachtung, Erkenntnis und operationalisierendem Handeln. Damit ist die liturgische Kommunikation etwas grundsätzlich Anderes als moralische Kommunikation.

Erläuterung: Schleiermacher hat diese grundlegende Einsicht mit der Unterscheidung des darstellenden und des wirksamen kirchlichen Handelns bis heute auf den Begriff gebracht. Die Liturgie gehört zum darstellenden Handeln, bei dem auf das Bewusstsein nicht gewirkt wird, sondern dieses in einer relativen Ruhe zu sich selbst kommen und seiner selbst ansichtig werden kann. Das Bewusstsein ist „erhöht" für die Spannung zwischen Sünde und Gnade – aber das religiöse Bewusstsein soll nicht verändert werden. Die Liturgie ist ein Fest und sie ist Kunst; sie hat damit ihren Sinn in sich selbst. Sie ist nicht nützlich, sondern *über*nützlich, nicht sinnlos, aber zwecklos im Sinne eines handlungstheoretischen Regelkreises. Das Gute und Wahre wird auf dem Weg des Schönen fassbar und nicht unabhängig davon. In der Liturgie muss das Gute und das Wahre durch die ästhetische Anmutung fassbar werden. Darum ist die Liturgie im weitesten Sinne Sprach-Kunst bzw. Zeichen-Kunst, indem die Möglichkeiten und Grenzen des Sagbaren und Zeigbaren erfahren werden.

These 5

Die Liturgie als das öffentliche Gebet ist der Selbstvollzug der Kirche, in dem diese sich in der Öffentlichkeit und für sich selbst zur Darstellung bringt. Ihr moralisches Potenzial in der Gesellschaft wird die Liturgie dann am stärksten entfalten, wenn sie sich moralisch zurückhält und ihre größte Wirkung wird sie dann erzielen, wenn sie es nicht auf Wirkungen anlegt, sondern auf die Qualität und die Pragmatik religiösen Sprechens.

Erläuterung: Nach der Ansicht des französischen Soziologen und Wissenschaftstheoretikers Bruno Latour (geb. 1947) hat die religiöse Rede kein Ziel und keinen Zweck. Sie intendiert und zeigt nichts, sie beweist und erreicht nichts. Sie ist der reine Jubel. Latour empfiehlt dem religiös Suchenden:

> „[...] halten Sie sich an die, die Sie den Rhythmus jener Worte wiederfinden lassen, die zwar keinen Zugang eröffnen, die nirgendwohin versetzen, vor allem nicht weiter und höher, die Sie aber transformieren, Sie selbst, jetzt, da Sie angesprochen werden." (Latour 2011, 53)

Gerade weil die Liturgie nicht von dieser Welt ist, transformiert sie in eine andere Welt. Damit ist die religiöse Sprache von ihrer Wirkung her gerade nicht das egoistisch religiös Erhebende – das wäre ein falsches Verständnis von „ästhetisch"–, sondern religiös ist das Transformierende. Knapp auf eine Formel gebracht: Jubilieren ist Menschen- und damit Weltveränderung. An der Gemeinschaft Sant' Egidio in Rom kann man das gut sehen. Der Gründer Andrea Riccardi schreibt dazu:

> „Die Armen lieben schöne Liturgien. Für sie ist eine gepflegte Liturgie ein Fest. Die Reichen möchten sie eher in einen Versammlungsraum von diskutierenden Intellektuellen verwandeln." (Meyer-Blanck/Krüger 2013, 246).

Andererseits ist gerade das Fest bekanntlich nicht unpolitisch, wie man schon aus Ex 5,1 weiß: Mose und Aaron überbringen dem Pharao das Gotteswort: „Lass mein Volk ziehen, dass mir's ein Fest halte in der Wüste."

These 6

Die Liturgie ist insofern eine Moralagentur der Gesellschaft, als dort die Möglichkeiten und die Grenzen menschlichen Handelns und moralischer Kommunikation erfahrbar und thematisierbar werden. Die liturgisch Verantwortlichen müssen wissen, dass die Liturgie ihrer Aufgabe dann gerecht wird, wenn sie nicht moralisch wirken möchte, aber gerade damit eine spezifische Wirkung entfaltet – und sie müssen beides einander fruchtbar zuordnen.

Erläuterung: Damit ist die Unterscheidung von Gesetz und Evangelium im Hinblick auf das liturgische Handeln – einschließlich der Predigt – formuliert. Im Gottesdienst werden die Notwendigkeit und die Gefährlichkeit moralischer Kommunikation zugleich thematisiert. Das kann explizit geschehen oder zeichenhaft, nachdem die Klärungen in der Vorbereitungsphase geschehen sind. Ein bekanntes Beispiel: Die Diskussion um die 17. Kerze für den Täter – neben den Kerzen für die 16 Opfer – nach dem Amoklauf in Erfurt 2002 war eine Situation, in der elementare Unterscheidungen getroffen wurden. „Ich möchte Ihnen sagen: Was immer ein Mensch getan hat, er bleibt ein Mensch." Das sagte damals Bundespräsident Johannes Rau zu den Eltern des Täters (Eulenberger 2011, 33).

Die Liturgische Konferenz in der EKD hat ausgehend von diesem Anlass den Begriff der „riskanten Liturgien" in der gesellschaftlichen Öffentlichkeit geprägt (Fechtner/Klie 2011, 14). Mindestens in Situationen wie in Erfurt und Winnenden müssen Liturgien etwas riskieren, um die moralische Kommunikation von der religiösen zu unterscheiden, ohne eine der beiden einfach auszuschließen, was nach dem Gesagten auch nicht möglich wäre.

These 7

Im Zusammenhang einer Tagung, die sich mit „Kirche und Theologie" beschäftigt, muss angemerkt werden: Die Liturgie ist keine Form von Theologie. Die Liturgie ist Religion. Sie braucht die Theologie als Reflexionsform, aber sie ist selbst nicht Theologie. Wohl aber ist sie eine, wenn nicht die entscheidende Quelle, von Theologie.

Erläuterung: Entgegen den Überlegungen in der orthodoxen und katholischen Liturgiewissenschaft in den USA und in Italien (Haspelmath-Finatti 2014) halte ich daran fest, dass die Liturgie Religion ist und nicht Theologie, auch nicht „erste Theologie" („theologia prima"). Wohl aber hat die liturgische Mitteilung und Darstellung des Evangeliums Auswirkungen auf die Theologie. Die gedruckten Gesangbücher sind so nicht nur eine Quelle der Frömmigkeitsgeschichte, sondern auch der Kirchen- und Theologiegeschichte.

Die Liturgie ist noch keine Gestalt von Theologie, wohl aber ist sie Quelle und Bewährungsort für die Kraft der Theologie. Die Liturgie ist Prüfstein dafür, ob es gelingt, die grundlegenden evangelischen Unterscheidungen zwischen Gesetz und Evangelium, Person und Werk, Christperson und Weltperson, geistlichem und weltlichem Regiment lebendig zu halten. Ein wenig dramatisierend kann man auch sagen: Der Gottesdienst ist der Ernstfall von Theologie. Dabei steht in Frage, ob wissenschaftliche Theologie allein wissenschaftsinternen Gesetzen gehorcht, oder ob es ihr gelingt, die Mitteilung und Darstellung des Evangeliums in seiner öffentlichen Gestalt zu fördern und durch Kritik vor Schaden zu bewahren.

Literatur

Carl Clemen, Quellen zur Lehre vom Gottesdienst (Liturgik), Gießen 1910.

Klaus Eulenberger, „Der Boden unserer Herzen ist aufgebrochen". Trauerfeiern nach den Amokläufen von Erfurt (2002) und Winnenden (2009), in: Fechtner/Klie (Hrsg.) 2011, 33-42.

Kristian Fechtner/Thomas Klie (Hrsg.), Riskante Liturgien. Gottesdienste in der gesellschaftlichen Öffentlichkeit, Stuttgart 2011.

Christian Grethlein, Abendmahl feiern in Geschichte, Gegenwart und Zukunft, Leipzig 2015.

Dorothea Haspelmath-Finatti, Theologia Prima. Liturgische Theologie für den evangelischen Gottesdienst, Göttingen 2014 (APTLH 80).

Jürgen Krüger/Michael Meyer-Blanck, Evangelisch in Rom. Der etwas andere Reiseführer, Rheinbach ²2013.

Bruno Latour, Jubilieren. Über religiöse Rede, Berlin 2011; frz. 2002 (Jubiler – ou les tourmentes de la parole religieuse).

Michael Meyer-Blanck, Gottesdienstlehre, Tübingen 2011.

Michael Meyer-Blanck (Hrsg.), Die Sprache der Liturgie, Leipzig 2012.

Michael Meyer-Blanck, Agenda. Zur Theorie liturgischen Handelns, Tübingen 2013.

Corinna Dahlgrün

Predigt als Äußerung der Moralagentur „Kirche"?

Um die Frage zu beantworten, ob gegenwärtig auf den Kanzeln eher moralisiert als theologisiert wird, muss man Predigten hören oder lesen – ersteres geschieht ohnehin, letzteres habe ich unter Nutzung der zahlreichen Predigtdatenbanken getan.[1] Ich nehme das Ergebnis der Sichtung von zahllosen gehörten und mindestens 50 gelesenen Predigten dieses und des letzten Jahres vorweg, bevor ich Ihnen einige zur Illustration detaillierter vorstelle: Es gibt Moral auf der Kanzel, aber bei weitem nicht so häufig, wie die Fragestellung der Tagung insinuiert.[2] Moral als Rede von oder Mahnung

---

[1]   Neben den großen Sammlungen wie http://www.predigten.uni-goettingen.de, http://www.predigtpreis.de und http://www.predigten.de gibt es regionale Archive wie http://www.wueparchiv.de und dazu eine Fülle von Veröffentlichungen auf gemeindlichen Internetseiten.

[2]   Nun hängt natürlich viel davon ab, wie zum einen der Begriff „Moral", zum anderen die „Moralpredigt" definiert werden. Ist alles, was „moralisch" (oder „moralin") klingt, bereits Moral? Die Mahnung zu konkretem Tun legt sich bei zahlreichen Perikopen nahe, doch macht die Wiedergabe einer solchen Mahnung eine Predigt bereits zur Moralpredigt? Ich verstehe im Folgenden unter „Moral in der Predigt" die bewusste, theologisch wie ethisch reflektierte und verantwortete Formulierung von konkreten Weisungen oder Mahnungen bzw. die Kritik an konkreten Missständen.

zum guten, lebensfördernden, richtigen Tun findet sich in etwa 5 % der Predigten. Häufiger (in etwa 20 % der Manuskripte) ist im- oder explizite Kritik an der Gemeinde oder an Abwesenden zu finden, die jedoch keine möglichen Abhilfen benennt, eher also die Äußerung von Unzufriedenheit ist als die Predigt von Moral. Daneben gibt es regelmäßig, in etwa 5 bis 7 % der Fälle, die sichere Bank des exegetischen Vortrags, manches freundlich Nichtssagende (über 30 %, hierzu zähle ich auch Nettigkeitsappelle wie „Lächeln Sie doch mal Ihrem Banknachbarn zu" oder „Heißen Sie Flüchtlinge freundlich willkommen")[3], viel Seelsorgliches (das als grundlegende Haltung in zahlreichen der von mir unterschiedenen Gruppen zu finden ist), manches gewollt Unterhaltsame (ca. 15 %, die Tendenz ist steigend), erfreulich oft, bei ca. 20 % der Predigten, solide Theologie und immer wieder, wenn auch nicht ganz so häufig, ganz ausgezeichnete Predigten, die Text und Gegenwart theologisch fundiert miteinander in Beziehung setzen. Die Moral scheint mir, aber das kann Michael Meyer-Blanck genauer sagen, vor allem in die Fürbittgebete ausgewandert, die häufig als Predigtannexe nachholen, was dort nicht vorkam, in Gebeten nach dem Muster: „Gott hat keine Hände als unsere Hände."[4]

Um die gewünschte homiletische Moral aufzuspüren, habe ich zunächst in aktuelle Predigten zu einer Perikope ge-

---

3 Sowohl die Predigt der „Unzufriedenen" wie die der „Netten" kann „moralisch" klingen, ohne doch in dem von mir verstandenen Sinn die Predigt von Moral zu sein. Nach der Wahrnehmung einer Fülle entsprechender Predigten kann sich jedoch zweifellos der Eindruck nahelegen, als werde auf unseren Kanzeln vor allem Moral gepredigt.

4 Dies halte ich für unverantwortlich, weil das Gebet kein Ort diskursiver Auseinandersetzung ist und die Gemeinde darum solchen Attacken ohne Möglichkeit zu eigenem Abwägen ausgeliefert ist.

schaut, die diese nahezulegen scheint, das Gleichnis vom barmherzigen Samariter. Gleich in der ersten Predigt wurde ich fündig. Der Prediger beginnt zwar:

> „Die wichtigste Botschaft der Geschichte vom Barmherzigen Samariter ist nicht, dass wir uns so wie der Samariter verhalten sollen, also zu dem Verletzten hingehen und nach Kräften helfen. Das nämlich würden die meisten von uns in einem solch krassen Fall auch ohne Belehrung durch Jesu Geschichte tun."[5]

Aber dann stellt er fest, dass „wir" in unserer Hilfsbereitschaft Unterschiede machten. Die Verletzung des gegnerischen Fußballspielers erfülle uns mit Genugtuung, bei einem Spieler des eigenen Vereins beklagten wir das Pech. Für die Mitarbeiter im eigenen Büro setzten wir uns gegen den Chef ein, für die Kollegen anderer Abteilungen nicht. Und so weiter.

> „Wir machen also klare Unterschiede: Unsere Nächsten sind erst einmal die, die für uns wichtig sind und dem nützlich, woran uns persönlich liegt. Auch bei uns steht also im Hintergrund unseres Handelns immer wieder die Frage: Wer ist denn mein Nächster?"

Der Prediger folgert, dass „wir" diese Haltung ändern müssten:

> „Keine eigenen Vorbehalte wegen der Herkunft, der Hautfarbe oder der gesellschaftlichen oder verwandtschaftlichen Stellung dessen, der Hilfe braucht. Keine Nützlichkeitserwägungen, keine Bedenken wegen der Folgen unseres Handelns. Wenn ein Mensch uns braucht, sollen wir hingehen und nach Kräften helfen. Das ist die wichtigste Botschaft der Geschichte vom Barmherzigen Samariter: Unser Nächster ist jeder Mensch, der uns begegnet und unsere Hilfe nötig hat."

---

5 Manfred Günther, Pfarrer in Mücke bei Gießen, am 30.8.2015, zitiert nach: Die Predigtdatenbank (www.predigten.de).

Konsequenterweise folgt der Appell:

> „Da sprach Jesus zu ihm: So geh hin und tu desgleichen! Lassen Sie
> uns das von heute mitnehmen: Geh hin und tu desgleichen!"

Dieser moralische Appell ist ja fraglos berechtigt, und er ist
ohne Pathos und Überhöhung vorgebracht. Eindrücklicher
noch als er sind in diesem Beispiel allerdings die zahlreichen
Unterstellungen, mit denen der Prediger arbeitet. Er traut
seiner Gemeinde nicht viel Gutes zu (wobei offenbleiben mag,
ob zu Recht oder zu Unrecht) und deckt, wie er selbst es vielleicht sehen könnte, die verschiedenen Fehlhaltungen scho-
nungslos auf. In diesen Unterstellungen, nicht in dem ab-
schließenden Appell, sehe ich das Problem dieser Predigt.

Implizite Moral ohne Unterstellungen, aber durchaus
Moral, zeigt die behutsame, freundlich-seelsorgliche Predigt
eines Prädikanten zur selben Perikope:

> „Du sollst deinen Nächsten lieben wie dich selbst – das heißt doch
> auch, dass ich mich selbst nicht aus dem Blick verlieren soll, Barm-
> herzigkeit auch mit meiner begrenzten Kraft haben darf und soll.
> Deshalb braucht menschliche Barmherzigkeit das Vertrauen in Got-
> tes Barmherzigkeit. [...] Wir müssen und dürfen darauf vertrauen,
> dass Gott demjenigen, dem wir im Augenblick der Hilfe für einen
> anderen den Rücken zudrehen, jemand anderes senden wird."[6]

Auch am Schluss setzt dieser Prediger nur einen indirekten
Appell. Er wendet die Gleichniserzählung auf sich selbst an,
auf seinen Weg zum Gottesdienst:

> So „gehe ich halt weiter eine halbe Stunde früher los, als ich müsste,
> um pünktlich zu sein. So bleibt mir zumindest der Puffer, um mit
> meinem Mobiltelefon Hilfe zu holen, wenn mir auf dem Weg jemand

---

6   Holger App, Prädikant in Bornheim (Frankfurt am Main), am 30.8.2015,
    zitiert nach: Die Predigtdatenbank (www.predigten.de).

begegnet, der der Hilfe bedarf. Und wenn solches – wie bisher immer – nicht passiert, dann nutze ich die Zeit, um Gott zu danken, dass er mich einmal mehr auf dem Weg wohl behütet hat.“

Der Prediger vermeidet die Mahnung und setzt an ihre Stelle sich selbst als ein Beispiel persönlicher Frömmigkeit, die theologisch gut fundiert ist: Die menschliche Bereitschaft zur Barmherzigkeit ist die Antwort auf Gottes Barmherzigkeit, in der sie sich aufgehoben wissen darf.

Häufiger als Moralpredigt findet sich, wie ich eingangs sagte, mehr oder weniger fruchtlose Kritik. In einer Predigt zu Mt 28,16 ff. lässt ein Pfarrer seiner Missstimmung in einer Folge von Unterstellungen freien Lauf, ich zitiere etwas ausführlicher in Auszügen:

„Also, liebe Gemeinde, dann dürfte das doch nicht so schwer sein. Einfach losgehen und verkündigen und taufen und lehren. [...] Vielleicht sollten wir es so machen, wie die anderen Gemeinden, die jeden Sonntag zwei oder drei Gottesdienste anbieten, weil in einem Gottesdienst nicht alle in die Kirche passen. Man müsste mal fragen, wie die das machen? Es gibt aber auch die Meinung vieler landeskirchlicher Theologen, die da ganz öffentlich sagen, dass Mission wie in Afrika hier bei uns gar nicht machbar ist. Oder sollten wir es so tun, wie dieser Prediger in der Innenstadt von Hamburg, der mit einem großen Kreuz in der einen Hand und mit der Bibel in der anderen laut den Straßenpassanten predigt. [...] Ach ja, da kommt mir noch ein Einfall, wie wir missionieren könnten, ohne den Leuten gleich mit der Bibel zu kommen. Wir bieten jede Woche einmal ein Kirchencafé in und vor der Kirche an. Da kann jeder kommen [...]. Liebe Gemeinde! Ideen gibt es doch genug, wie wir dem Missionsbefehl Jesu Gehorsam leisten können. Und vermutlich werden etliche von uns sagen: Was haben wir nicht schon alles dafür getan, als wir noch jünger waren. Jetzt müssen mal die Jüngeren ran. Das wär's doch: Am besten, wir beenden jetzt den Gottesdienst hier und gehen gleich auf die Straßen und in die Häuser unseres Stadtbezirks und laden jeden zum nächsten Gottesdienst oder zu den Veranstaltungen unserer Gemeinde ein. [...] Dann hören wir uns wieder sagen: Mission oder Evangelisation [...]

ist vielleicht nicht so unser Ding. Und überhaupt – wenn das mal alles so einfach wäre, lieber Herr Jesus. Vermutlich haben auch viele Gemeindeglieder das Gefühl, dass Gott seine Gemeinden schon längst verlassen hat."[7]

Nach dieser umfassenden „Krankmeldung" beginnt der Prediger einen fiktiven Dialog mit den wachsenden Gemeinden, deren ermutigende Aussagen er allerdings nie ohne Gegenrede lässt. Immerhin hält er ein Lernergebnis fest: Mission beginne innen, in einer einigen Gemeinde. Und:

> „Es geht [...] darum, den Missionsbefehl Jesu in der Gemeinde im Gebet immer wieder durchzubuchstabieren. Gut ist es, wenn man ihn in der Gebetsstunde immer wieder laut liest, so dass man euch alle nachts wecken könnte, um euch nach diesem Missionsbefehl Jesu zu fragen. Und dann kommen die Sätze bei jedem wie aus der Pistole geschossen."

Während sich seine Gemeinde vermutlich noch fragt, wie ernst dies gemeint ist, schließt der Prediger:

> „Deshalb hier ein Vorschlag zur Güte: Lasst uns doch alle am nächsten Sonntag eine halbe Stunde eher zuerst zum Gebet kommen und danach mit dem Gottesdienst beginnen. Es gibt schon viele Gemeinden, die das so machen. Oder was sagt der Gemeindevorstand dazu? Amen."

Ähnliches findet sich nicht selten, vor allem, wenn Amtsmüdigkeit und Desillusionierung Raum gegriffen haben. Aber auch bei Studierenden gibt es die meist unbewusste Neigung, den Gemeinden zu unterstellen, wogegen die Predigerin zu Felde ziehen will (sich die eigenen Subtexte bewusst zu machen, ist übrigens ein zwar mühsames und zuweilen beschä-

---

7 Michael Winkler, Pfarrer in Hamburg, am 12.7.2015, zitiert nach: Die Predigtdatenbank (www.predigten.de).

mendes, doch wirksames Mittel dagegen). Unterstellende Subtexte sind also ein verbreitetes Übel – ich für mein Teil habe da eine bedachte und begründete moralische Weisung lieber, die ja immer mal wieder durchaus notwendig sein und zu der ich mich als Hörerin verhalten kann. So setzt immerhin der Prediger im ersten Beispiel gegen die vorhandenen oder vermuteten Missstände einen deutlichen Impuls, er hat ein Ziel und eine Aussage. Er ist nicht in der von Manfred Josuttis vor vielen Jahren kritisierten, doch immer noch ungebrochen zu findenden Weise diffus gesetzlich,[8] er ist klar moralisch fordernd. Darin ist er heute eher die Ausnahme. Häufiger finden sich entweder die eben exemplarisch vorgestellten Unterstellungen, die distanzierte belehrende Exegese oder die harmlos-freundliche Rede anlässlich eines Bibeltextes. Die Ursache der beiden letzteren Phänomene ist meist Angst vor einer verantworteten Aussage, sei sie theologisch oder moralisch, Angst vor Angreifbarkeit. Hinter der sachlich richtigen Exegese verschwindet die Person des Predigers; bei der freundlichen Rede bietet sie keinen Anstoß. Auf Predigten dieser Machart näher einzugehen, erspare ich Ihnen und mir, Sie kennen sicher selbst Beispiele dafür.

Inzwischen begegnet noch ein weiteres Phänomen: Die Predigt ohne präzise gefasstes Ziel, wie sie als Resultat der dramaturgischen Homiletik entstehen soll – wenn aber kein Ziel, dann auch keine moralische Aussage. Die dramaturgische Homiletik, entwickelt von Martin Nicol und Alexander Deeg,[9] will die Fülle, die jeder Text enthält, zum Klingen

---

8 Manfred Josuttis, Gesetzlichkeit in der Predigt der Gegenwart, München ²1969; und in: ders., Gesetz und Evangelium in der Predigtarbeit. Homiletische Studien 2, Gütersloh 1995, 94-181.

9 Martin Nicol, Einander ins Bild setzen. Dramaturgische Homiletik, Göttingen 2. durchges. und überarbeitete Aufl. 2005 und Martin Nicol/Alex-

bringen, nicht einengen durch die Fixierung auf eine zentrale Aussage. Sie will Gottes Wort Ereignis werden lassen. Deshalb umkreist eine dramaturgische Predigt ihren Text in verschiedenen Sequenzen, „Moves", in immer neuen Anläufen, die in einen Spannungsbogen, einen Handlungsablauf, die „Structure", eingebettet sind. Entscheidend ist am Ende die Live-Performance, denn Predigen sei, so betonen die Vertreter dieser aus den USA importierten Richtung, mehr als das Vorlesen eines Textes. Manche finden diesen Ansatz vor allem befreiend. Doch kann die Befreiung für die Predigt des Wortes Gottes problematische Folgen haben: Einige Prediger werfen den Ballast der starren Form, die Mühe der Suche nach der Textaussage und des Formulierens eines Predigtziels gern von sich, damit allerdings recht oft auch jedes Bemühen um eine theologisch verantwortete Aussage. Das Resultat kann dann zu reiner Unterhaltung, zu einem assoziationsträchtigen Sprachspiel verkommen, das die Gemeinde auf ihre eigenen Gedanken und nur auf diese zurückwirft. Die Kritiker der dramaturgischen Homiletik beklagen eben dies und erinnern, wie kürzlich ein Student in einer Examensklausur zu neueren homiletischen Konzepten, an die Aufgabe der Predigt. Ich zitiere aus dieser Klausur:

> „Meines Erachtens muss eine Predigt etwas wollen. Sie gibt es nur deshalb, weil es eine Botschaft gibt, die es zu verkündigen lohnt. Dass dies je und je anders geschehen muss, ist klar. Dass als Ziel der und die Einzelne angesprochen wird, ergibt sich aus der Botschaft selbst. Und dass diese Botschaft in sich vielschichtig und vielfarbig ist, machen die biblischen Schriften deutlich."

---

ander Deeg, Im Wechselschritt zur Kanzel. Praxisbuch Dramatur-gische Homiletik, Göttingen 2005.

Nun gibt es durchaus gelungene Beispiele angewandter dramaturgischer Homiletik. In einem solchen Beispiel verbindet die Predigerin das Zuhören von Michael Endes Romanfigur Momo in einem bunten Wechsel der Moves mit dem aus der Ich-Perspektive erzählten Gotteserleben des Elia aus 1Kön 19, mit Ps 46 und dem Schema Israel, mit Reflexionen über die Worte im Gottesdienst und mit Worten des Mystikers Jakob Böhme.[10] Die Predigt ist kurzweilig, lässt Bilder entstehen, ruft Assoziationen hervor und bietet in einem kurzen Abschnitt zudem theologische Überlegungen zur Notwendigkeit der Unterscheidung der gehörten Stimmen und zur Rolle, die die biblische Tradition dafür spielen kann – ohne moralischen Impetus.

Abschließend möchte ich noch eine Predigt vorstellen, die ich für sehr gelungen halte und die ohne Gesetzlichkeit Moral vermittelt, auf der Basis des Zuspruchs, der Affirmation und in Anerkennung der Schwierigkeiten, die es bei der Umsetzung geben kann. Sie setzt ein bei der Anhörung nach dem Attentat in Charleston im Juni 2015. Ein junger Weißer hatte neun schwarze Besucher einer Bibelstunde erschossen, und bei der Anhörung stellte der Richter ihm die Angehörigen gegenüber – die ihm vergaben. „Du hast Hass säen wollen, aber wir sind eine Familie, die auf Liebe baut. Unter uns ist kein Raum für Hass. Der Hass wird nicht siegen. Bereue und es wird dir bessergehen. Möge Gott Erbarmen mit Dir haben", sagte eine Frau. Die Predigerin setzt dies in Beziehung zu den Jesusworten in der Perikope Lk 6,36–42, und ich zitiere wiederum in Auszügen:

---

[10] Anna Trapp, Vikarin in Berlin, am 18.7.2014; wiedergegeben nach dem Manuskript, das mir die Verfasserin freundlicherweise zur Verfügung gestellt hat.

„Jesus sagt: ‚Seid barmherzig, wie auch euer Vater barmherzig ist. Und richtet nicht, so werdet ihr auch nicht gerichtet. Verdammt nicht, so werdet ihr auch nicht verdammt. Vergebt, so wird euch vergeben. Gebt, so wird euch gegeben.' Das ist die Umkehrung von ‚Wie du mir, so ich dir [...]'. Eine Ethik, eine Hoffnung, die einer völlig anderen Überzeugung und Logik folgt. Die sich an einer ganz anderen Ordnung orientiert. Die von der Vorstellung lebt, dass es unabhängig von allem weltlichen Recht, das gesprochen und gehalten werden muss, noch einmal einen ganz anderen Richter geben wird, vor den wir alle dereinst gestellt sind. Ein Richterstuhl, vor dem uns nur Christus als Fürsprecher zu Hilfe kommen kann. Doch der uns zugleich schon in diesem Leben hoffen lässt, dass uns auch dann die Gnade widerfahren mag, mit der uns Gott bereits zuvorgekommen ist – in seiner großen Barmherzigkeit, seinem zuvorkommenden Erbarmen, das uns Kraft gibt und Mut macht, aus ihr schon jetzt zu leben. Auf das Erbarmen Gottes zu setzen und es unablässig auch für einander zu erbitten. [...] Vergebung heißt nie: alles ist vergessen. Zu vergeben bedeutet nicht: Du darfst mir alles tun. Wohl aber heißt es – wenn ich den Glauben der Angehörigen für mich nachbuchstabiere, wenn ich dem biblischen Zeugnis Jesu folge –, mir bewusst zu halten, dass Gott unser Richter ist. Mit diesem Glauben sind zu manchen Zeiten Menschen klein gehalten und eingeschüchtert worden oder gar zum Verstummen gebracht. Aber für mich heute, mit den Worten der Angehörigen aus der Gemeinde in Charleston im Ohr, bekommt diese Erwartung eine widerständige Kraft. Eine Kraft, die sich aus der Vorstellung speist, dass es eben nicht gleich ist, wie wir uns in diesem Leben verhalten."[11]

Die Predigerin weiß, dass es ein hoher Anspruch ist:

„Wer kann schon lieben wie Gott?! Wer kann schon lieben und barmherzig sein wie es Jesus von uns fordert? Wir sind ja keineswegs immer Herr oder Frau in unserem seelischen Haus, auch nicht über die Nähe und Entfernung, die wir zu Menschen empfinden. Und

---

[11] Astrid Kleist, Hauptpastorin in Hamburg, am 28.6.2015; zitiert nach der auf der Hompeage eingestellten Predigt (http://www.jacobus.de/neu/deutsch/index—1—1—7.html).

doch: wir können mehr als hassen und mehr als Feindschaft und Rache empfinden. Dieses eine können wir schon – und das sei eine erste Auslegung des Gebotes Jesu, zu vergeben: Wir können darauf verzichten, zu verdammen und uns zu rächen. Vorerst ist das genug. Und ist doch schon sehr viel. [...] ‚Seid barmherzig wie auch euer Vater barmherzig ist. Vergebt, so wird auch euch vergeben [...] Was siehst Du den Splitter in deines Bruders Auge und den Balken in deinem Auge nimmst Du nicht wahr?' Vielleicht nur der Mensch, der sich seiner eigenen Erlösungs-und Vergebungsbedürftigkeit, der sich seiner eigenen Abgründe und Versäumnisse und Vergehen bewusst ist, kann zum Zeugen dieser Wahrheit werden. Wer mit der eigenen Fehlerhaftigkeit rechnet und um sein Angewiesensein auf Gottes Barmherzigkeit weiß, vermag als ein geschwisterlicher Mensch im Sinne Jesu zu leben."

Ein kurzes Fazit: In Predigten zeigt sich die Kirche gegenwärtig kaum als Moralagentur. Nur: Wo die Moral fehlt, der Anspruch, fehlt oft auch der Zuspruch, das Evangelium, die Theologie. Oder anders herum: Wenn ich verantwortlich Theologie treibe und dies auch in der Predigt tue, werde ich um Forderungen, um klare Ansagen, um die menschliche Antwort auf das Geschenk Gottes nicht herumkommen.

Notger Slenczka

Die Kirche und die Medien

Vorbemerkung: Ein Gesprächsimpuls ist meine Aufgabe, also ein kurzer Beitrag, 20 Minuten, daher kein theorielastiger Großbeitrag, sondern ein Beitrag, der ein Gespräch eröffnet, verständlich für jede und jeden. Eine Bußübung also für den Systematiker, daher beginne ich mit dem sakramentalen Institut der Buße.[1] Es war, das wissen Sie, ursprünglich schweren Vergehen und biographischen Sondersituationen vorbehalten und gehörte abgesehen davon in den Bereich des Klosters. Erst 1215 wird die Beichtpflicht allgemein, eine Verpflichtung für jeden Christen: einmal im Jahr muss jeder, der über sieben Jahre alt ist, sein Leben unter Anleitung eines Priesters und damit vor Gott reflektieren. Seit 1517 wird das Bußsakrament entinstitutionalisiert und das Christsein als lebenslange Selbstreflexion zunehmend etabliert.[2]

Keine Sorge, ich komme gleich zur Sache, aber ich muss noch einen Moment bei diesem Institut in seiner vorreformatorischen Gestalt verweilen. Sie wissen, dass das Bußinstitut auf die Lossprechung von der Sündenschuld abzielt; die Gül-

---

1   Vgl. aus der breiten Literatur nur den besten Text: Martin Ohst, Pflicht-
     beichte, Tübingen 1995.
2   Notger Slenczka, Der endgültige Schrecken. Das Jüngste Gericht und die
     Angst in der Religion des Mittelalters, in: Das Mittelalter 12 (2007) 105–121.

tigkeit dieses Zuspruchs hat drei Voraussetzungen, die der Priester sicherstellt und überprüft, nämlich die *confessio oris*, d. h. die Vollständigkeit des mündlichen Bekenntnisses; die *satisfactio operis*, das Einlösen der zeitlichen Sündenstrafen; und das wichtigste: die *contritio cordis*, die Zerknirschung des Herzens, die aufrichtige, nicht subtil vom Selbstinteresse, etwa der Angst vor der Höllenstrafe, geleitete Reue über die begangene Untat. Liegen diese drei Voraussetzungen vor, die *materia sacramenti*, dann kann und muss der Priester die Absolution erteilen. Dem Sicherstellen dieser Voraussetzungen dient das Beichtgespräch, das unter strikter Geheimhaltungspflicht steht. Damit komme ich

1. zum Bild der Medien aus der Perspektive der Kirche. Ich denke, dass das auffälligste mediale Phänomen der vergangenen acht Jahre eine Reihe von Skandalen war, die unter intensiver Beteiligung von Medien – Zeitschriften, Fernsehen, teilweise auch die social media im Internet – abliefen.[3] Ich denke an Skandale wie die Auseinandersetzung um die Dissertation des damaligen Verteidigungsministers Karl-Theodor zu Guttenberg, und den im Auslöser ähnlich gelagerten Skandal um die Wissenschaftsministerin Annette Schavan. Ich nenne weiter den Vorwurf der mangelnden Trennung von Amt und persönlichen Freundschaften, der den niedersächsischen Ministerpräsidenten Christian Wulff in seiner Zeit als Bundespräsident einholte. Weiter könnte man die Auseinandersetzung um die Moderatorin und frühere Nachrichtensprecherin Eva Herman heranziehen, oder auch die Ereignisse, die zum Rücktritt von Bischöfin Margot Käßmann führten, oder

---

3 Zur Sache vgl.: Notger Slenczka (Hrsg.), Öffentlicher Umgang mit Schuld, BThZ.Beih 29–31, Leipzig 2013; vgl. die „Einleitung" des Herausgebers.

früher noch die Ereignisse um die Rede Philipp Jenningers zum 50. Jahrestag des Pogroms von 1938.

Ich setze voraus, dass Ihnen die Grundzüge aller dieser Ereignisse bekannt sind. Sie alle haben Ihr Bild davon und vermutlich recht unterschiedliche Urteile über Verlauf und Ausgang der Skandale. Diese Frage der Bewertung der Vorgänge ist für das, was ich hier zeigen will, ganz außerwesentlich, jeder und jede von Ihnen kann sich meinethalben vorstellen, dass ich in dieser Hinsicht ganz Ihrer jeweiligen Meinung bin.

2. Der „Fall Wulff". Ich greife einen Fall heraus, nämlich den Fall des Bundespräsidenten Christian Wulff. Eine unerfreuliche Lawine von nach und nach ans Licht gezogenen, angeblichen Vorteilsannahmen motivierte Herrn Wulff dazu, sich am 4. Januar 2012 öffentlich den Fragen zweier Journalisten des öffentlichen Fernsehens zu stellen.[4]

Dieser Vorgang hatte viele Merkwürdigkeiten – nur einige davon, die wichtig sind: Der Bundespräsident *empfängt nicht* die Journalisten, sondern er *kommt zu* den Journalisten; der Zuschauer sieht ihn in Frontalaufnahmen vor dem hintergrundfüllenden Bild des Schlosses Bellevue. Das unterstreicht: er ist nicht drin, sondern draußen, nicht auf dem eigenen Feld, sondern im Hauptstadtstudio der ARD; wer nach historischen Parallelen sucht, denkt unwillkürlich an den Gang nach Canossa, also an das große Bußverfahren, dem sich Kaiser Heinrich IV. 1077 unterzogen hat, um die Aufhebung der Exkommunikation zu erreichen – auch um die Weihnachtszeit, übrigens.

Diese Parallele ist äußerlich und hergezogen; aber dennoch hat die ganze Situation – Sie werden das Interview sicher

---

4 Das Interview ist zugänglich unter: https://www.tagesschau.de/inland/wulffinterview114.html (zuletzt eingesehen: 30.09.2015).

gesehen haben – den Charakter eines Beichtgesprächs. Der Bundespräsident bekennt Fehler, erklärt sie auch teilweise, immer aber mit dem relativierenden Zusatz, dass er sich nicht rechtfertigen wolle. Das klassische Motiv der *confessio oris* – und in den anschließenden Kommentierungen des Interviews geht es immer wieder um die Frage, „ob da noch etwas nachkommt": Das ist die klassische Frage, ob die Sünden vollständig bekannt wurden. Genau diese Frage: „Kommt noch etwas nach?" stellte die Moderatorin Bettina Schausten auch am Ende des Interviews ausdrücklich; und Wulff verneinte.

Sowohl im Interview wie in den nachfolgenden Bewertungen, etwa durch den BILD-Journalisten Hugo Müller-Vogg,[5] spielt die *satisfactio operis* eine zentrale Rolle – Wulff kündigt selbst an, dass er das Verhältnis zu den Medien neu ordnen werde und sich um das Wiedergewinnen der Glaubwürdigkeit bemühen werde, und genau diese Fragen werden auch in den nachgehenden Bewertungen thematisiert.

Der entscheidende Punkt ist aber die Manifestation von Demut – schon der Weg des Bundespräsidenten ins Hauptstadtstudio ist eine Geste der Demut, so Bettina Schausten in einer ersten rückblickenden Beschreibung der Situation.[6] Das Eingeständnis von Fehlern, das Wulff immer wieder vorträgt, und die Entschuldigung, die er ausspricht, stehen im Zentrum. Um die Ernsthaftigkeit und – das Stichwort kommt

---

5   https://www.youtube.com/watch?v=nXf95xqt8DU   (Kompilation   von Reaktionen auf das Wulff-Interview, alle vom 04.01.2012, zuletzt eingesehen 30.09.2015), hier Min 10:50 ff.

6   ZDF heute-Journal vom 4.01.2012: https://www.youtube.com/watch?v=nXf95xqt8DU Min. 4:06 (zuletzt eingesehen 30.09.2015). Ebd. Min 5:45 Ulrich Deppendorf in ARD Tagesthemen 4.1.2012 mit der Diagnose „demütig".

immer wieder – Glaubwürdigkeit dieser Demutsgesten wird anschließend gestritten, und zwar mit Ausführungen zur Reue, die ihren Platz in Bußsummen des Mittelalters finden könnten.[7] Im TV-Sender Phoenix gibt etwa der Journalist Gerd-Joachim von Fallois seine Einschätzung ab. Er stellt fest, dass der Bundespräsident angeschlagen wirkte; er thematisiert dessen gebrochene Stimme und teilt mit, dass er sich erkundigt habe: Eine Erkältung,[8] und wir wissen nun: nein, keine unterdrückten Tränen oder eine aus innerer Bewegung versagende Stimme. Aber von Fallois fährt fort:

> „Der Bundespräsident wirkte wie jemand, der [...] sich seiner Schuld in Anführungszeichen [so im Original; der Autor] auch bewusst ist, und er hat in diesem Interview [...] doch mehrfach um Entschuldigung gebeten, so wie das alle auch eingefordert haben. An dieser Stelle hat er sein Soll voll erfüllt.[9]

Der Journalist tritt hier als Experte für die Ernsthaftigkeit und Authentizität der *contritio* auf und stellt fest, dass diese Bedingung erfüllt ist.

---

7 Etwa Christian Bangel auf ZEIT-online: http://www.zeit.de/politik/deutschland/2012-01/wulff-affaere-interview-ard-zdf (zuletzt 30.09.2015): „Eine Entschuldigung funktioniert nur, wenn sie freiwillig ist. Bundespräsident Christian Wulff hat den Eindruck aufrichtiger Reue (!) gleich zu Beginn seiner gestrigen TV-Abbitte geschmälert, als er sagte, er habe nie daran gedacht zurückzutreten. Die Schuldeingeständnisse , die er in den Minuten danach folgen ließ, hatten nichts von Freiwilligkeit, sondern hinterließen den Eindruck, erzwungen zu sein." Vgl. etwa die Presseschau im „Stern": http://www.stern.de/politik/deutschland/reaktionen-auf--3145910.html (zuletzt 30.09.2015).

8 https://www.youtube.com/watch?v=nXf95xqt8DU&feature=iv&src—vid=E9ZFjnJJWCk&annotation—id=annotation—867594 [0:35 Sek.] (zuletzt 30.09.2015).

9 Ebd.

Auch wenn man die von mir vorgenommene Parallelisierung dieses Interviews zum Gang nach Canossa als unzulässige Zuspitzung betrachten könnte, ist doch deutlich: In dieser Szene haben wir es mit einem Beichtverhör zu tun. Es geht um das Bekenntnis der Schuld, um die Echtheit der *contritio* und um einen Ansatz einer *satisfactio operis*. Die beiden Moderatoren und die anschließend um Reaktionen gebetenen Medienvertreter beurteilen genau diese drei Bedingungen der angemessenen Vorbereitung auf den Zuspruch. Und es ist mehr als eine Randnotiz, wenn ich darauf hinweise, dass wenige Tage vor Weihnachten Kardinal Meisner, der ja nun wahrhaftig Erfahrung im Umgang mit Shitstorms hatte, im WDR zum „Fall Wulff" befragt wurde und zwar feststellte, dass er nicht sagen könne, ob die Vorwürfe gegen Wulff zuträfen; er, der Kardinal, würde Wulff aber raten, zurückzutreten und zu erklären: „Ich bin ein armer Sünder, ich habe versagt."[10] Das war fast genau vierzehn Tage vor dem Interview vor ARD und ZDF.

Nehmen wir noch ganz kurz ein zweites Beispiel, Eva Herman. Sie erinnern sich an ihre familienpolitischen Texte, zu denen man stehen kann, wie man will, und Sie erinnern sich daran, dass eine Äußerung von ihr so missverstanden wurde, dass sie die Familienpolitik des Dritten Reiches positiv bewertet habe. Die Auseinandersetzung verlief höchst unerfreulich und fand ihren Höhepunkt in einem Rauswurf aus der Sendung von Johannes Baptist Kerner.[11] Dieser hatte ihr, so seine eigene Sicht der Dinge, die Möglichkeit gegeben, sich

---

[10] http://www.welt.de/politik/deutschland/article13778369/Wulff-soll-auf-seine-Weihnachtsansprache-verzichten.html (zuletzt 30.09.2015).

[11] https://www.youtube.com/watch?v=v5a02uRbaqQ und https://www.youtube.com/watch?v=43NRPdov91I (zuletzt 30.09.2015).

von ihren früheren Äußerungen zu distanzieren. Sie nahm diese Möglichkeit nicht nur nicht an, zeigte also keine *contritio*, sondern äußerte sich zusätzlich missverständlich zum Autobahnbau im Dritten Reich, mit der Folge, dass Kerner sie vor die Tür setzte – das war, wenn man es formkritisch analysiert und nach funktional analogen Vorbildern sucht, ein scheiterndes Beichtgespräch, dem dann die Exkommunikation folgt: sie wird, ganz wörtlich: hinausgetan, dahin, wo keine Fernsehkameras mehr sind, sondern Heulen und Zähneklappern. Und man hat bis heute nichts mehr von ihr gehört. Man könnte auch formgeschichtliche Parallelen zu Ketzerverhören ziehen – dem Vorgang der Überführung der Ketzer, die sich, so die Überzeugung der Alten Kirche, mit scheinbar orthodoxen Formulierungen nur tarnen, aber von Experten – es war wirklich ein Historiker, der Kollege Wolfgang Wippermann, anwesend – überführt werden können.

3. Das mediale Bußverfahren – und seine Probleme. Gerade wenn man sich auf eine nähere Analyse der Gesprächsgänge in beiden und in den weiteren genannten Skandalen einlässt, sind die Parallelen zu den Vorgängen in mittelalterlichen und frühneuzeitlichen Buß- und Exkommunikationsritualen frappierend – doch eigentlich kommt es auch nicht auf diese Parallelen an, sondern auf das, was fehlt: Es fehlt jede Möglichkeit eines wirksamen und verbindlichen Freispruchs – sei das nun eine Absolution wie im Bußverfahren oder die Feststellung des Weiterbestehens der Gemeinschaft im Fall eines Häresieverfahrens. Man könnte im Falle der Causa Wulff ebenso wie im Falle der Bischöfin Käßmann, aber auch bei Bischof Tebartz-van Elst zeigen, dass an die Stelle des göttlichen Urteils – Binden oder Lösen – die Berufung auf Umfragen tritt: Wieviel Prozent der Bevölkerung für ein Verbleiben des Bundespräsidenten im Amt votieren, oder wie viel Prozent der Bevölkerung ihn für ehrlich halten, wird zur entscheidenden Frage,[12] und Wulff motiviert dann auch seinen Rücktritt einen Monat später mit dem Vertrauensverlust bei den Bürgern. Der Vergleich mit dem Bußverfahren ist auch an diesem Punkt erhellend: Die vorneuzeitliche Kirche hat die Entscheidung über den Ausgang des institutionellen Bußverfahrens gerade nicht in die Hand und Entscheidung der Gläubigen gelegt, sondern der Institution anvertraut, die Einsicht in den Willen Gottes und in die Kriterien seines Willens für sich reklamierte: das bischöfliche und später das priesterliche Amt. Diese Experten entscheiden über das Vorliegen der Bedingungen der Absolution – und schreiben den übrigen Gläubigen vor, dass sie im Falle eines Falles den freigesprochenen Sünder wieder zu akzeptieren haben. Diese Instanz der Entscheidung, ein Äquivalent des Priesteramtes, fehlt im medialen Buß- oder Exkommunikationsverfahren; man spürt die Ratlosigkeit, die sich breit macht bei den Kommentatoren nach dem Ereignis des Bußrituals: was geschieht nun, wenn das Eingeständnis der Schuld, offensichtliches Bedauern und ein Ansatz zur *satisfactio operis* vorliegt?

4. Das Schweigen der Kirche. Am unheimlichsten bei dem ganzen Vorgang und bei allen diesen Vorgängen ist das Schweigen der Kirche und der Theologieprofessoren – um mich einmal einzuschließen. Wenn ich recht sehe – ich bitte hier ggf. um Richtigstellung[13] – hat niemand, absolut nie-

---

12 Etwa Bettina Schausten am Schluß eines FAZ-Interview: http://www.faz.
net/aktuell/feuilleton/medien/bettina-schausten-im-gespraech-es-haet-
te-auch-live-sein-koennen-11593889.html (zuletzt eingesehen 30.09.2015):
„Wie groß sein Rückhalt in der Bevölkerung noch ist, werden die nächsten
Tage zeigen."

33 In der Diskussion des Beitrags auf der hier dokumentierten Konferenz
machte einer der Anwesenden im kirchenleitenden Amt darauf aufmerk-

mand von kirchlicher Seite etwas zu diesen sich häufenden
Vorgängen gesagt. Nur nachträglich wurde von beiden Kir-
chen festgestellt, der Rücktritt Wulffs sei bedauerlich, aber
unvermeidlich. Sonst ergibt sich in allen Fällen dasselbe Bild:
Die Kirchen schweigen zum Phänomen eines öffentlichen
Bußverfahrens ohne die Möglichkeit der Vergebung.

Dabei gäbe es so viel zu sagen – und wenn die Kirchen das
sagen würden, was zu sagen ist, würden sie eben nicht mehr
nur als Moralagenturen wahrgenommen. Die Kirchen könnten aus einer Einsicht in den Umgang mit Schuld, ihr urei-
genstes Gebiet, darauf hinweisen, dass ein Umgang mit
Schuld, der nicht geleitet ist von der Möglichkeit der Vergebung, nicht nur unprofessionell, sondern heillos ist. Das ist
natürlich eine schwierige Aussage, denn die Aufklärung von
Missständen und Verfehlungen und die Feststellung von Verantwortung ist die Aufgabe der Medien einerseits und der politischen Konkurrenz andererseits. Aber es ging in allen Fällen, die ich genannt habe, nicht um juristische oder justi-
ziable Vorwürfe – das stellte sich jedenfalls in allen Fällen
nachträglich heraus –, sondern es ging um moralische Verfehlungen, deren Vorliegen das Verbleiben im Amt, um das es
immer ging, zu einer Ermessensfrage machte. Im Falle Wulff,
aber auch in anderen Fällen, bei Tebartz-van Elst beispiels-
weise, wurde die Frage nach dem Charakter gestellt: Ist Wulff
charakterlich geeignet als Bundespräsident? Es ging um die
Person und ein Urteil über die Person; der Starkolumnist der
Bild-Zeitung, Franz-Joseph Wagner, fasste das in seiner damaligen Kolumne „Post von Wagner" in einem offenen Brief

---

sam, daß er im Umfeld der Wulff-Affäre eine Erklärung mit der Aufforde-
rung zur Wahrung eines menschenwürdigen Umgangs abgegeben habe –
das sei aber von der Presse, auch auf Nachfrage, ignoriert worden.

an Wulff folgendermaßen zusammen: „Gehen Sie in sich. Hoffen Sie nicht, dass Ihre Kreditaffäre in den Archiven verschwindet. Lassen Sie die Hosen runter, stellen Sie sich vor die Presse. Sagen Sie uns, wer Sie sind."[14] Sehen Sie: das ist das Bußverfahren, der Betroffene soll sich vor „uns" – die Presse! – stellen, wie ihn Gott geschaffen hat: wie Adam, der sich schämte, dass er nackt war.

Was hier verloren geht, ist die Unterscheidung von Person und Tat. Ein Zuspruch der Vergebung, der nicht die Tat rechtfertigt und die kritische Nachfrage nach der *Tat* offenhält, setzt gerade diese Unterscheidung voraus: die säkulare Form der Vergebung ist die Achtung vor der Person unbeschadet der Kritik ihres Tuns. Dass das öffentliche, mediale Bußverfahren nicht, wie das Bußinstitut, ohne Verzicht auf eine Einforderung zeitlicher Sündenstrafen auf den Zuspruch der Vergebung ausgerichtet ist, liegt daran, dass in diesen öffentlichen Debatten der Sinn für die Unterscheidung von Person und Amt und Person und Tat verloren gegangen ist. Der Zuspruch der Vergebung hält die Würde der Person jenseits der Tat fest; aber das traditionelle Bußinstitut hält zugleich fest, dass dieser Mensch, dem vergeben wurde bzw. dessen Würde geachtet wird, unbeschadet dessen für die zeitlichen Folgen seiner Tat einzustehen hat.[15] Spätestens als der damalige

---

14 Bild, 15.12.2011, Post von Wagner, http://www.bild.de/news/standards/franz-josef-wagner/lieber-bundespraesident-wulff-21567480.bild.html (zuletzt 30.09.2015).

15 Es ist mir völlig unverständlich, warum die katholische Kirche im Rahmen des Reformationsjubiläums nicht offensiver mit ihrer Tradition umgeht und nicht mit dem genannten Argument die in protestantischen Diskursen häufig geschmähte Unterscheidung von Vergebung der Schuld und Nachlaß der (zeitlichen Sünden-)Strafe stark macht.

Bundespräsident in dem genannten Beicht-Interview darauf hingewiesen hat, dass auch ein Politiker eine Menschenwürde hat, hätte bei den Kirchen und ihren Theologen „die Glocken klingeln" müssen, und das gilt für alle übrigen Fälle ebenfalls, die ich genannt habe.

Geleitet von der Institution der Beichte die Unterscheidung von Person und Werk einzuklagen – das sollte eine Aufgabe der Kirche in der Mediengesellschaft sein. Sie dürfen somit das, was ich hier vortrage, nicht als Medienschelte missverstehen – das ist es nicht. Es ist die Aufgabe der Medien und der politischen Konkurrenten, Verfehlungen handelnder Personen nachzugehen. Aber es ist – unter anderem – Aufgabe der Kirchen, geleitet von der bußtheologischen Sachkompetenz die Unterscheidung von Person und Werk einzufordern. Daher handelt es sich hier um eine Selbstkritik der Theologie und der Kirche, die zwar ständig nach ihrer gesellschaftlichen Relevanz fragt und darunter leidet, dass sie diese nicht hat, die aber eben an diesem Punkt die Aufgabe, die sich aus ihrer zentralen Botschaft ergibt, eklatant verfehlt hat. Und das ist wohlgemerkt auch keine Kirchenkritik, sondern Selbstkritik, wie gesagt: ich als Theologieprofessor habe auch eine öffentliche Stimme und hätte nicht feige schweigen dürfen.

Einmal allerdings wurde im Zusammenhang der Wulff-Affäre in einer Talkshow unter dem Titel: „Ist Wulff eine Zumutung?"[16] der zur Vergebung motivierende Bibelvers zitiert: „Wer unter Euch ohne Schuld ist, der werfe den ersten Stein." Zitiert ausdrücklich als Wort Jesu, und zwar von Mehmet Daimagüler, einem bekennenden Moslem.

---

16 Frank Plasberg, Hart aber fair vom 13.02.1012: https://www.youtube.com/ watch?v=bGYsovSpEiE (zuletzt 30.09.2015).

Man könnte nun noch vieles zu dem Vorgang der Übertragung ursprünglich kirchlich besetzter gesellschaftlicher Aufgaben auf die Medien sagen, den ich damit an einem Punkt beschrieben habe – aber meine Zeit ist um und ich schweige daher jetzt.

Matthias Kamann

Kirche, Medien und Moral

Wenn Kinder sich angegriffen fühlen, dann sagen sie: „Selber!" Was ihr mir vorwerft, das macht ihr doch genauso. Oft ist etwas dran.

Deshalb übernehme ich das. Als „weltlicher" Journalist mit Kirchenzuständigkeit fühle ich mich durch das Thema dieser Tagung durchaus angegriffen und sehe mich unter Rechtfertigungsdruck. Denn meine Berichterstattung und die meiner Kollegen lässt die Kirchen ja tatsächlich als Moralagenturen erscheinen. Wir Journalisten beschäftigen uns meist mit dem moralischen, sozialethischen und politischen Agieren der Kirchen.

Da sage ich: „Selber". Die Kirche setzt in ihrem öffentlichen Auftreten diese Schwerpunkte doch auch. Bei Interviews wollen Leitende Geistliche und EKD-Ratsvorsitzende schon ganz von sich aus nicht so sehr über die Bibel reden, sondern über ihre moralischen oder politischen Botschaften. Und diese Botschaften prägen auch einen großen Teil dessen, was die beiden kirchlichen Nachrichtenagenturen, der Evangelische Pressedienst (epd) und die Katholische Nachrichtenagentur (KNA), an Nachrichten aus dem kirchlichen Raum veröffentlichen.

Daraus folgt die *erste These*. Wenn man es als Problem versteht, dass Kirche zur Moralagentur der Gesellschaft wird, dann muss man sagen: Kirche ist an der Entstehung dieses Problems maßgeblich beteiligt.

Das gilt für beide Großkonfessionen in Deutschland. Was ist denn die Monumentaldiskussion der Katholiken über die Sexual- und Familienethik anderes als ein gigantisches Moralprojekt? Egal, ob man die Wiederverheiratung von Geschiedenen nun freundlich oder unfreundlich betrachtet.

Die Leidenschaft auch, mit der sich beide Kirchen dem Flüchtlingsthema widmen, ist moralisch motiviert. Diese Leidenschaft verlangt geradezu danach, in den Medien breit dargestellt zu werden. Die Geistlichen wären bitter enttäuscht, wenn wir Journalisten diesem moralischen Anliegen nicht entsprechen würden.

Bei der Sterbehilfe ist der lobbyistische Eifer, mit dem die Kirchen eine sehr restriktive Gesetzgebung mit Einführung eines ganz neuen Strafrechtsparagrafen zum Verbot der gewerbsmäßigen Suizidhilfe zu erreichen suchen, eine gewaltige Anstrengung zum moralisierenden Ordnen von Sterbementalitäten und Sterbeformen. In der Sozialpolitik betätigen sich die Kirchen seit Jahrzehnten in breitestem Ausmaß als Moralstiftungsagenturen. Und auch die vermeintlich Glaubenstreuen, die Evangelikalen und Konservativ-Lutherischen, die gern über bibelfernes Moralisieren und Politisieren schimpfen –, auch sie reden in der Öffentlichkeit weniger über die paulinische Christologie als über moralische Fragen, zumal beim Sexuellen. Ich habe vor einiger Zeit Carsten Rentzing, den Sächsischen Landesbischof, für die „Welt" interviewt und gefragt, ob es nicht seltsam sei, dass die Konservativen und Evangelikalen in Sachsen einen solchen Aufstand ausgerechnet wegen der Homosexualität machen, ob es nicht seltsam sei, dass sie ihre Glaubensenergie ausgerechnet für eine Frage der Unterleibsmoral verbrauchen. Darauf Rentzing: „Durch dieses emotional ja sehr aufwühlende Thema wurden viele Christen überhaupt sensibilisiert für die Frage, wie wir es generell mit dem Wort Gottes halten."[1]

Das ist ehrlich. Es muss aber zum analytischen Zweck anders gefasst werden: Nämlich in der *zweiten These*: Im Moralisieren wird Religion auf eine starke und möglicherweise unvergleichliche Weise spürbar und kommunizierbar.

Das gilt zuerst für Journalisten. Was Kirche sei, was man an ihr habe und wozu es sie gebe, lässt sich zumal in einer säkularer werdenden Gesellschaft kaum anders als durch die Beschäftigung mit der gesellschaftlichen Wirkungsabsicht der Kirchen sowie mit den moralischen Erwartungen der Gesellschaft an Kirchen darstellen. Deshalb schreiben wir erstens über politische und moralische Positionen der Kirchen. Deshalb schreiben wir zweitens darüber, wie der ehemalige Limburger Bischof Franz-Peter Tebartz-van Elst durchs Geldausgeben die moralischen Erwartungen an kirchliches Finanzgebaren enttäuscht hat.

Aber das gilt auch für die Evangelische Kirche selbst. Und zwar noch dort, wo es zum Reformationsjubiläum um den Glutkern ihrer Religion geht. Auch dort versucht die Kirche, diesen Glutkern vor allem anhand seiner moralisch spürbaren Abstrahlungswärme zu konturieren. Sei diese Abstrahlungswärme nun eine tatsächliche oder nur behauptete. Vom Beitrag der Reformation zum Geschlechterverhältnis über die protestantische Weltverantwortung bis dorthin, wo die Rechtfertigung angeblich das moralische Individuum festige. Notger Slenczka wird ebenfalls einiges darüber sagen können, wie auch in seinem Fall die doch spezifisch theolo-

---

[1] http://www.welt.de/politik/deutschland/article145495633/Bibel-sieht-Homosexualitaet-nicht-als-Gottes-Willen.html.

gisch-liturgische Diskussion über den Umgang mit dem neu gedeuteten Alten Testament ruckzuck verdreht wurde in einen Moraldiskurs – über angeblichen Antisemitismus und die Prinzipien für den Umgang der Christen mit den Juden.

Allerdings fragt sich, ob man über all das bestürzt sein muss, ob es wirklich per se ein Problem ist. Man kann ja bei Detlef Pollack[2] sehr gut nachlesen, dass Religion immer dann stark ist, wenn ihre moralische Abstrahlungswärme stark zur Geltung kommt. Das schon klassische Beispiel ist das Erstarken der Kirchen in der Nachkriegsbundesrepublik. Da wurden ja nicht alle Westdeutschen plötzlich fromm. Vielmehr sahen sie im Christentum eine der wenigen verbliebenen Ressourcen zur moralischen Neubegründung des Gemeinwesens. Weitere Beispiele sind die durchaus auch materiell verstandenen Moralisierungskräfte, die zumal in Brasilien die Pfingstkirchen in der unteren Mittelschicht entwickeln. Und wenn heute das orthodoxe Christentum in Russland zu boomen scheint, dann doch wohl vor allem deshalb, weil dort die Kirche als Hort der Anständigkeit – und Schwulenfeindlichkeit – sowie der nationalen Festigung verstanden wird. Insofern ist es völlig selbstverständlich, dass auch die Kirchen in Deutschland ihre gesellschaftliche Relevanz durch Konzentration aufs Moralische zu sichern versuchen. Wobei man zumal beim Vergleich mit Russland sagen muss, dass es so schlecht nicht ist, wenn die deutschen Protestanten diese Relevanzsicherungsversuche nicht in Form von Neonationalismus oder Schwulenfeindlichkeit unternehmen, sondern in Form von linksliberalen Hauptpodienreihen auf Kirchentagen.

---

2 Detlef Pollack, Gergely Rosta: Religion in der Moderne. Ein internationaler Vergleich. Frankfurt am Main, New York: Campus, 2015.

Mit dieser Strategie haben die Kirchen in Deutschland auch sensationellen Erfolg. Obwohl nur noch etwas mehr als die Hälfte der Deutschen einer christlichen Kirche angehört – es sind rund 58 Prozent –, obwohl also Kirchlichkeit bald keine Mehrheitsveranstaltung mehr sein wird und sie das im realen Leben der Bürger schon längst nicht mehr ist, haben die Kirchen in Deutschland nach wie vor enormen Einfluss, enorme Bedeutung. Man betrachte die Sterbehilfe-Debatte: Da gab es keine Bürgerbewegung für ein Verbot. Vielmehr ergeben alle Umfragen klare Mehrheiten für die Beibehaltung der Zulassung der Suizidhilfe. Aber weil vor allem die Kirchen massiv für das Verbot mobil gemacht hatten, wurde es im November 2015 vom Bundestag beschlossen.

Daher die *dritte These*: Als Moralagenturen haben die Kirchen eine gesellschaftliche Bedeutung, die ihnen längst abhandengekommen wäre, wenn sie sich auf Theologie im engeren Sinne beschränken würden.

Es besteht dabei kein Anlass zu Verschwörungstheorien von ultramontanen Jesuiten und staatsnahen Protestanten, die in den Hinterzimmern der Macht oder in Rundfunkräten ihre Prinzipien durchdrücken würden. Als Journalist jedenfalls fühle ich mich von den Kirchen in keiner Weise bedrängt. Statt in den Kategorien des Drucks oder der hinterhältigen Machtausübung zu denken, muss man hier wohl andere Kategorien entwickeln. Es muss dabei um das Zuerkennen des Guten gehen. Weiterhin um das Nicht-Reden über die Quellen des Guten. Und schließlich um die Bereitschaft, das Gute zu tun. In Interaktion zwischen den Kirchen und der Gesellschaft.

Zeigen lässt sich das anhand des Flüchtlingsthemas. Hier erkennt zunächst die Gesellschaft den Kirchen das Gute zu. Die Deutschen schreiben in ihrer großen Mehrheit ganz spontan und mehr oder weniger vorreflexiv den Kirchen moralisch hochstehende Maximen für den Umgang mit Notleidenden zu. Kirche ist für die Bürger bei diesem Thema eine fast natürliche Instanz. Es geht um Not, es geht um soziale Hilfe. Die jüngste Kirchenmitgliedschaftsuntersuchung[3] hat gezeigt, dass hierfür den Kirchen so sehr wie für nichts sonst Kompetenz und Autorität zugeschrieben wird.

Das ist keine Einbahnstraße von der Gesellschaft zu den Kirchen. Vielmehr schreiben auch die Kirchen der Gesellschaft Gutwilligkeit zu. Es ist ja nicht so, dass die Bischöfe als finstere Warner auftreten würden, die verkommenen Deutschen schlimmste Strafen androhten, wenn sie nicht mehr Flüchtlinge aufnähmen. Vielmehr appellieren die Kirchen an eine grundsätzlich erst einmal weltliche Moralität der Bürger und verlangen von den Deutschen auch in keiner Weise, sich für Flüchtlinge so aufzuopfern, wie es einst Mönche oder Diakonissen getan haben mögen. Die Kirchen beachten sehr genau die Normalmoral der Bürger sowie deren Grenzen. So fällt auf, dass von den leitenden Geistlichen im Spätsommer 2015 nach der Ankunft von Zehntausenden Flüchtlingen nicht mehr gefordert wurde, noch mehr zu holen, 1,5 Millionen oder zwei Millionen, sondern nur noch, die ohnehin Kommenden bestmöglich zu versorgen. Das heißt: Die ungleichen Partner, die weithin säkulare Gesellschaft und die christlichen Kirchen, einigen sich auf so etwas wie eine moralische Schnittmenge zwischen christlichem Anspruch und bundesdeutscher Durchschnittsmoral.

Weithin unthematisiert bleibt dabei, woher der besondere moralische Anspruch der Kirche denn rührt. Die Deutschen schreiben den Kirchen Autorität bei dem Thema zu, wir

---

3   http://www.ekd.de/EKD-Texte/kmu5—text.html.

Journalisten rufen die kirchlichen Pressestellen deshalb auch an, aber man will nicht wissen, aufgrund welcher Bibelstellen und welcher Exegese sich die Kirchen hier mit dieser besonderen Autorität belehnt sehen. Und die Geistlichen sprechen darüber auch nur dann, wenn die Christen unter sich sind, in den Gottesdiensten bei den Predigten. Ganz selten aber in der öffentlichen Kommunikation in den Medien.

Mithin beruht der gesellschaftliche Einfluss der Kirchen hier auf einer spezifischen Form des Schweigens. Nur weil die Kirchen bei der Flüchtlingshilfe sehr wenig über ihre harten theologischen Motive reden und nur weil die Gesellschaft diese Motive auch gar nicht erläutert haben will, können beide Seiten hier so fruchtbar kooperieren. Würde über jene religiösen Motive aber ausführlich gesprochen, dann wäre rasch das Trennende erkennbar, und es käme wohl bald zu Zerwürfnissen, möglicherweise zum Erlahmen ehrenamtlichen Helfens im Rahmen von Kirchengemeinden. Die Hilfsbereitschaft scheint darauf zu beruhen, dass die Helfer in den Kirchen eine moralische Autorität verorten, von der sie sich so lange anspornen lassen, wie sie sich nicht mit der theologischen Herleitung der Moralität befassen müssen.

Insofern scheint der moralischen Interaktion zwischen Gesellschaft und Kirche eine stillschweigende Übereinkunft zugrunde zu liegen. Von beiden Seiten aus. Einerseits nehmen die Kirchen weitgehend wortlos hin, dass sie die Bürger nicht moralisch überfordern dürfen, sondern sich an dem orientieren müssen, was die Leute bei einigermaßen gutem Willen schon von sich aus denken und machen. Andererseits modeln sich die Bürger ebenfalls weitgehend wortlos die Kirchen als Moralagenturen zurecht, die ihnen Vorgaben mit höherer Autorität als andere machen dürfen. Aber nur so lange, wie sich die Kirchen dabei nicht eingehender über die religiösen

Voraussetzungen dieser Vorgaben auslassen. Denn jene Voraussetzungen werden weithin nicht mehr geteilt und könnten auf Kritik stoßen.

Nicht anders ist es bei der katholischen Diskussion über die Familien- und Sexualethik. Hier zeigen die Befragungen, die von den Bistümern im Kirchenvolk durchgeführt wurden, dass die allermeisten Katholiken keine Ahnung von den theologisch-sakramentalen Grundlegungen der katholischen Ehe- und Familienethik haben. Und man darf vermuten, dass sich das Kirchenvolk für jene Grundlegungen auch nicht interessiert. Gleichwohl aber scheint es zumindest einem größeren Teil des Kirchenvolks wichtig zu sein, dass die Kirche bei diesem Thema mit einer besonderen Autorität spricht, man also Maßgaben erhält, nach denen man sich irgendwie richten möchte. Zugleich versucht nun Papst Franziskus, mehr Rücksicht auf die Durchschnittsmoral des Kirchenvolks zu nehmen und den Leuten etwas entgegenzukommen. Was aber dabei als unauflöslicher, unaufgebbarer Kernbestand katholischer Ansprüche bei diesem Thema erscheint, wird weniger theologisch-biblisch als vielmehr selbst wiederum moralisch expliziert. So fällt auf, dass konservative Katholiken ihre Ablehnung homosexueller Lebenspartnerschaften nicht etwa biblisch begründen, sondern damit, dass man angeblich dann ja auch in Dreier- oder Vierer-Beziehungen leben und den kirchlichen Segen dafür erbitten könne. Oder dass schwule Paare keine Kinder bekommen könnten, die Kirche aber auch die Reproduktion berücksichtigen müsse. Das heißt: Man übergeht theologische Grundlegungen und argumentiert stattdessen mit einer Gesellschaftsmoral, die in dieser Form auch konservativen Atheisten zur Verfügung stehen würde.

Daher die *vierte These*: Als Moralagenturen sind die Kirchen gesellschaftlich deshalb erfolgreich, weil sie in der

Öffentlichkeit weitgehend verschweigen, was sie zu ihrem moralischen Auftreten bewegt. Rein debattenstrategisch betrachtet, ganz nüchtern medienstrategisch gilt somit für die Kirchen: Theologisch ist Schweigen Gold. Reden wäre nicht einmal Silber.

Sehr zu bezweifeln ist daher, dass die Kirchen durch moralische Kommunikation und moralisches Agieren auch wieder mehr Menschen für den Glauben begeistern können. Zwar ist unbestreitbar richtig, dass Gemeinden nur dann lebendiger werden, wenn sie sich durch eine neue Vernetzung von Gemeinde und Diakonie sowie durch satisfaktionsfähige Ehrenamtlichkeitsangebote für Außenstehende öffnen und sich tendenziell zu Agenturen gutwilliger Aktivität in der Nachbarschaft entwickeln. Dadurch würde erstens die soziale Betätigung der Kirchen weit besser sichtbar als in den Zeiten der professionalisierten diakonischen Großeinrichtungen. Zweitens kämen dadurch die Gemeinden endlich auch flächendeckend statt nur in Einzelprojekten in näheren Kontakt zu den Menschen am Ort. Insofern weist die gegenwärtige Flüchtlingshilfe mit den vielen Ehrenamtlichen unter professioneller Betreuung durch die Diakonie tatsächlich in eine vielversprechende Zukunft.

Aber die Kirchen sollten sich nicht erhoffen, dass die vielen neuen Engagierten einen Rekrutierungspool künftiger Kirchgänger bilden. Denn die Ansprechbarkeit der Menschen durch die Kirchen für ein moralisches Agieren scheint genau darauf zu beruhen, dass die Glaubensinhalte wohlwollend *beschwiegen* werden. Dass man einen Bogen um sie macht, durchaus rücksichtsvoll, freundlich, respektvoll – aber doch einen Bogen. Nur dieser Bogen scheint es den Bürgern zu ermöglichen, sich von den Kirchen aus der umgangenen Theologie heraus moralisch ansprechen zu lassen.

Zum Schluss daher die *fünfte These*. Mehr als eine Moralagentur wird Kirche für die breitere Öffentlichkeit nur dann sein können, wenn die Leute nicht länger den Eindruck hätten, der große Bogen um die Glaubensfragen sei angebracht. Anders gesagt: Mehr als eine Moralagentur wird Kirche für die breitere Öffentlichkeit nur dann sein können, wenn es die Menschen für möglich hielten, bei der Theologie die Dinge genauso selbst in die Hand zu nehmen wie bei der ehrenamtlichen Flüchtlingshilfe.

Das allerdings hätte zur Folge, dass bei den kirchlichen Bekenntnissen kein Stein auf dem andern bliebe. Denn größte Zweifel und divergierendste Deutungen würden vorgetragen, wenn die Menschen in größerer Zahl mit den Kirchen auch über den Glauben reden sollten und wollten. Zweifel und Divergenzen müssten dann in einem Ausmaß beherzigt werden, von dem ich mir nicht vorstellen kann, dass die Kirche, wie ich sie kenne, damit klarkäme. Zwar sind solche Zweifel und Divergenzen genau das, was Religion interessant macht. Man sieht das gerade gegenwärtig, da Außenstehende zeigen, wie faszinierend sich übers Christentum nachdenken lässt, wenn man auf der eigenen Distanz zu den christlichen Bekenntnissen beharrt. Von Navid Kermani[4] bis zu Kurt Flasch[5], von Amos Oz[6] über Jack Miles[7] und Robert Harrison[8] bis zu Bruno Latour[9]. Aber erstens fragt sich: Will und kann

4 Navid Kermani: Ungläubiges Staunen. Über das Christentum. München: C. H. Beck, 2015.

5 Kurt Flasch: Warum ich kein Christ bin. München: C.H. Beck, 2013.

6 Amos Oz: Judas. Berlin: Suhrkamp, 2015.

7 Jack Miles: Jesus. Der Selbstmord des Gottessohns. München: Hanser, 2001.

8 Robert Harrison: Die Herrschaft des Todes. München: Hanser, 2006.

9 Bruno Latour: Jubilieren. Über religiöse Rede. Frankfurt/M: Suhrkamp, 2011.

sich die Kirche auf solche Überlegungen wirklich ergebnisoffen einlassen? Und zweitens: Ist die Kirche als moralische Autorität noch stark, wenn die Leute nicht mehr den Eindruck haben, dass die kirchliche Autorität einem unthematisierbaren Arkanum entspringt, sondern aus einem ganz offenen Diskurs? Ist Moral noch stark, wenn sie sich nicht mehr aus *Beschwiegenem* speist? Vermutlich braucht doch Moralität Voraussetzungen, über die man nicht redet. Jedenfalls dürfte es der Wirksamkeit kirchlichen Moralisierens sehr nutzen, dass die Glaubensvoraussetzungen kaum angesprochen werden. Es scheint daher ausgesprochen riskant für die Kirche zu sein, mehr zu werden als eine Moralagentur auf der Basis stillschweigender Übereinkünfte. Bislang jedenfalls hat die Kirche in institutioneller und gesellschaftlicher Hinsicht großen Gewinn davon, dass sie die Bürger nicht besonders stark mit dem Glauben behelligt und dass die Bürger auch nicht danach fragen.

Johannes Fischer

Kirche und Theologie als Moralagenturen der Gesellschaft?

In meinem Diskussionsimpuls geht es darum, das Thema dieser Konsultation im Hinblick auf öffentliche Stellungnahmen und Sozialworte zu bedenken. Ich gehe davon aus, dass niemand ernstlich in Zweifel zieht, dass es sinnvoll und richtig sein kann, wenn Kirche und Theologie sich öffentlich zu bestimmten moralischen und sozialen Fragen äußern. Daher stellt sich die Frage, welche Art von öffentlichen Stellungnahmen gemeint ist oder gemeint sein könnte, wenn in Frageform nahegelegt wird, dass Kirche und Theologie hierbei als „Moralagenturen der Gesellschaft" wirken. Bei der Klärung dieser Frage geht es aus meiner Sicht zuerst und vor allem um das Verständnis von Moral, das sich in kirchlichen und theologischen Stellungnahmen zu moralischen Fragen findet, und zum anderen um die Rolle, die die Moral in der gesellschaftlichen und politischen Öffentlichkeit spielt. Zu beidem will ich im Folgenden ein paar Überlegungen vortragen. Der Kürze der Zeit wegen tue ich dies in der Form von Thesen mit Erläuterung. Ich bitte um Verständnis, wenn ich hier zunächst etwas ausholen muss.

1. Das, was in der westlichen Kultur unter „Moral" verstanden wird, hat seinen Ursprung in der jüdisch-christlichen Tradition.

Man kann sich dies anhand zweier verschiedener Begriffe des Guten verdeutlichen. Der Begriff des *moralisch Guten* bezieht sich auf ein *Verhalten*, mit dem einer gegebenen Situation entsprochen wird: Sich so in einer solchen Situation zu verhalten ist moralisch gut.[1] Diese Art des Guten wird paradigmatisch durch die Samaritererzählung Jesu veranschaulicht (Luk 10,30 ff.). Sie hat ihren Ursprung in Gottes Gebot, das den Menschen zu solchem Verhalten anleitet. Demgegenüber bezieht sich in der antiken Ethik der Begriff des Guten auf das *gute Leben*, und damit ist etwas Anderes gemeint als ein moralisch gutes Leben. Für Aristoteles ist das gute Leben ein Leben, das die Bestimmung des Menschen verwirklicht, die Vernunft zu ihrer größtmöglichen Entfaltung zu bringen in Gestalt der dianoetischen und ethischen Tugenden. Wenn man die Tugenden „gut" nennt, dann sind sie dies nicht in einem moralischen Sinne, sondern vielmehr in dem Sinne, dass sich in ihnen die Bestimmung des Menschen realisiert. Aristoteles hat unseren Begriff der Moral nicht gekannt.

2. Vom jüdisch-christlichen Ursprung der Moral her fällt Licht auf eine Ambivalenz und Zweideutigkeit, die der Moral in der Moderne und darüber hinaus bis in die Gegenwart anhaftet und von der – wie noch zu erläutern sein wird – auch kirchliche und theologische Stellungnahmen zu moralischen Fragen häufig nicht frei sind.

Geht man zurück zum jüdisch-christlichen Ursprung der Moral, dann betrifft diese Zweideutigkeit das Verständnis

---

[1] Vgl. hierzu Johannes Fischer, Die religiöse Dimension der Moral als Thema der Ethik, in: ThLZ 137. Jg. (2012), 388-406, bes. 389ff.

von Gottes Gebot. Genauer gesagt geht es um den Grund und das Motiv der Gebotsbefolgung. Die Gebote Gottes können einerseits *deshalb* befolgt werden, *weil* sie von Gott geboten sind. Und sie können andererseits *um des willen* befolgt werden, *weshalb* sie von Gott geboten sind, so um des Hungrigen willen, auf dass er satt wird, oder um des Fremden willen, auf dass er eine Bleibe hat. Im ersten Fall liegen Grund und Motiv des Handelns in dessen Gebotenheit durch Gott, und es gibt nur einen einzigen Grund und ein einziges Motiv für alles gebotene Handeln, nämlich seine Gebotenheit durch Gott. Im zweiten Fall ist es die Situation des Bedürftigen, in der Grund und Motiv des Handelns liegen, und es gibt so viele Gründe und Motive, wie es Situationen von Bedürftigkeit gibt. Der Sinn entsprechender Gebote liegt dann darin, den Blick für die Situation des Bedürftigen zu schärfen. Ersichtlich ist das Gebot der Nächstenliebe von dieser zweiten Art. Um die Alternative auf eine griffige Art zu bezeichnen, bietet es sich daher an, zwischen einer *Gesetzesmoral* auf der einen Seite und einer *Moral der Liebe* auf der anderen Seite zu unterscheiden. Hinter dieser Alternative stehen zwei verschiedene Gottesbilder: einerseits ein Gott, der vom Menschen unbedingten Gehorsam in Bezug auf die Einhaltung seiner Gebote verlangt; andererseits ein Gott, der seine Gebote zum Wohl seiner Kreaturen erlässt und mit ihnen den Menschen für dieses Wohl in seinen Dienst nimmt, weshalb Grund und Motiv des Handelns in diesem Wohl liegen.

Diese Ambivalenz und Zweideutigkeit zwischen Gesetz und Liebe haftet auch der säkularen Moral an. Um dies an einem aktuellen Beispiel zu verdeutlichen: Man kann denen, die derzeit in Deutschland Asyl suchen, einerseits *deshalb* im Rahmen von Freiwilligeninitiativen helfen, *weil* dies moralisch geboten ist. Oder man kann ihnen *um des willen* helfen, *weshalb* dies moralisch geboten ist, nämlich um der verzweifelten Situation und Notlage willen, in der sich viele von ihnen befinden. Im ersten Fall liegen Grund und Motiv für ein entsprechendes Handeln in dem moralischen Urteil: „Es ist moralisch geboten, politisch Verfolgten zu helfen." Im zweiten Fall liegen Grund und Motiv in der Angewiesenheit dieser Menschen auf Hilfe.

> *3. Die Moderne ist bis in die Gegenwart durch ein Verständnis von Moral im Sinne der Gesetzesmoral geprägt. Die Moral wird dabei zu einer autoritativ-verpflichtenden Letztinstanz, gewissermaßen als das säkulare Pendant des göttlichen Gesetzgebers.*

In einem vielbeachteten Aufsatz aus den fünfziger Jahren des letzten Jahrhunderts über „Moderne Moralphilosophie"[2] hat die englische Philosophin Elizabeth Anscombe die These aufgestellt, dass die moderne Moralphilosophie und Ethik ein Relikt einer religiösen Gesetzesethik ist, die die christliche Tradition hervorgebracht hat, die aber mit der Reformation ihren religiösen Bezugsrahmen verloren hat, in den sie eingebettet war und innerhalb dessen sie nur sinnvol war. Anscombe hat bei dieser These die erste Seite der zuvor skizzierten Alternative im Blick, wonach Gottes Gebote *deshalb* zu befolgen sind, *weil* sie durch Gott geboten sind. Eben dies charakterisiert für sie eine religiöse Gesetzesethik. Die Bedeutung der Reformation liegt darin, dass sie die Gebotsbefolgung überhaupt problematisierte: „Der Protestantismus

---

[2] G. E. M. Anscombe, Moderne Moralphilosophie, in: Günther Grewendorf, Georg Meggle (Hg.), Seminar: Sprache und Ethik. Zur Entwicklung der Metaethik, Frankfurt am Main: Suhrkamp, 1974, 217–243.

leugnete nicht die Existenz eines göttlichen Gesetzes; aber seine bezeichnendste Lehre bestand darin, dass dieses Gesetz nicht gegeben sei, um befolgt zu werden, sondern um zu zeigen, dass der Mensch – selbst im Zustand der Gnade – unfähig ist, es zu befolgen [...]."[3] Damit wird der religiösen Gesetzesethik die Grundlage entzogen. Doch ist das nicht das Ende der Gesetzesethik überhaupt. Vielmehr lebt sie in der modernen Moralphilosophie in säkularisierter Form weiter, in welcher deontische Begriffe wie „geboten", „verboten" oder „Pflicht" eine zentrale Rolle spielen, wie Anscombe insbesondere mit Vergleichen zur aristotelischen Ethik verdeutlicht. Was bei Anscombe nur angedeutet, aber nicht näher ausgeführt wird, ist die Tatsache, dass auch die gebietende Instanz, deren es zu einer Gesetzesethik bedarf, in der modernen Moralphilosophie fortexistiert – nur, dass sie dort nicht „Gott" heißt, sondern „Moral", oder in Kantischer Terminologie: „Sittengesetz". Der Ausdruck „moralisch geboten" nimmt hier die Bedeutung an von „durch die Moral geboten" bzw. „durch das Sittengesetz geboten". Und wie es in der religiösen Gesetzesethik nur einen einzigen Grund und ein einziges Motiv für alles gebotene Handeln gibt, nämlich die Gebotenheit durch Gott, so gibt es in ihrer säkularisierten Form auch für alles moralische Handeln nur einen einzigen Grund und ein einziges Motiv, nämlich in Gestalt seiner Gebotenheit durch die Moral. Moralisch ist eine Handlung, wenn sie das moralisch Gebotene *um seiner moralischen Gebotenheit willen* tut, oder kantisch gesprochen: aus *Achtung vor dem Sittengesetz*. So tritt an die Stelle des göttlichen Gebieters die Moral als gebietende Instanz. Das Engagement derer, die sich für Asylsuchende einsetzen und die dies *um der Asylsuchenden willen*

---

3 A. a. O., 242 (Anm. 43).

tun, ist nach dieser Moralauffassung nicht moralisch, und
zwar, weil sie es um der Asylsuchenden willen und nicht um
der Moral willen tun. Diese Moralauffassung ist bestimmend
bis in die Moralphilosophie der Gegenwart. Ich muss aus
Zeitgründen darauf verzichten, dies mit Zitaten aus aktuellen philosophischen Ethiklehrbüchern zu illustrieren.[4]

Ich möchte behaupten, dass diese Moralauffassung nicht
nur in der Moralphilosophie verbreitet ist, sondern dass von
ihr auch das allgemeingesellschaftliche Moralbewusstsein
tief beeinflusst ist. Ein Phänomen wie die *moral correctness*,
bei der Meinungen und Überzeugungen verpflichtend gemacht und zugleich der Kritik entzogen werden, indem sug-
gestiv beansprucht wird, dass es ein Gebot der Moral ist, so
zu denken und die betreffende Meinung zu haben; die Ablö-
sung religiöser Glaubenskriege durch moralische Glaubenskriege wie z. B. diejenigen zwischen Inklusionsbefürwortern
und Inklusionskritikern; überhaupt die hochmoralische Über-
frachtung gesellschaftlicher Debatten – all das ist nur von
dieser Aufwertung der Moral zu einer autoritativen Letztinstanz her verständlich, auf die man sich im gesellschaftlichen
Meinungsstreit beruft. Wie es früher wichtig war, Gott auf
seiner Seite zu haben, so ist es heute wichtig, die Moral auf seiner Seite zu haben. Das betrifft keineswegs nur ethische Fragen, sondern auch den Bereich des Politischen. Hier hat sich
besonders in Deutschland ein öffentlicher Debattenstil entwickelt, bei dem Fragen, die ihrem Wesen nach politischer
Natur sind, regelmäßig ins Moralische gezogen werden, was
faktisch auf eine Entpolitisierung dieser Fragen hinausläuft.
Wie man besonders im Zusammenhang der Flüchtlingskrise

---

4   Exemplarisch hierfür ist Dieter Birnbacher, Analytische Einführung in die
     Ethik, Berlin/New York: Walter de Gruyter, 2003, 282 ff.

beobachten kann, ist es fast schon zu einem Ritual geworden, dass im medial inszenierten Wettstreit um die Gunst des Publikums der Meinung des politisch Andersdenkenden als Erstes mit zur Schau gestelltem moralischem Entrüstungs- gestus begegnet wird, bevor auch nur ein einziges Argument in der Sache vorgebracht worden ist. Vor allem aber ist hier an Max Webers Unterscheidung zwischen Gesinnungsethik und Verantwortungsethik zu erinnern, die in den zurückliegen- den Wochen und Monaten neue Aktualität erlangt hat. We- bers Begriff der Gesinnungsethik bezeichnet eine moralische Gesetzesethik, die sich den Geboten der Moral einzig und al- lein deshalb verpflichtet weiß, weil diese moralisch geboten sind, also ohne Rücksicht auf die Folgen des entsprechenden Handelns. Weber illustriert diese Art des Denkens anhand der wörtlichen Befolgung der Bergpredigt, bei der der Christ recht tut und die Folgen Gott anheimstellt, und er verweist damit zugleich auf den religiösen Ursprung dieses Denkens. Der gesetzestreue Christ tut dies freilich im Vertrauen darauf, dass Gott sein Gebotsgehorsam mit guten Folgen belohnen wird. Auch der moralische Fundamentalist fühlt sich für die Folgen seines Tuns nicht verantwortlich, solange er nur kon- sequent und unbeirrt das moralisch Gute zur Maxime seines Handelns macht, nur dass es hier keine göttliche Garantie gu- ter Folgen gibt. Diese Lücke muss entweder durch den Glau- ben an eine letztlich gute Welt geschlossen werden, die schon dafür sorgen wird, dass alles gut hinauskommt. Oder sie muss durch säkulare Ideologien geschlossen werden, die das- selbe verheißen, wie Weber dies seinerzeit in den Wirren der Münchner Räterepublik vor Augen hatte. Mit alledem dürfte deutlich sein, dass der moralische Fundamentalismus nur die säkulare Variante des religiösen Gesetzesfundamentalismus ist: eine zur verpflichtenden Letztinstanz erhobene Moral als säkulares Substitut für den göttlichen Gebieter. Er ist ein typisch westliches Phänomen.

4. Der Gesetzesmoral auf der einen Seite und der Moral der Liebe auf der anderen Seite entsprechen zwei grundverschiedene Arten des ethischen Denkens.

Wenn, wie dies bei der Gesetzesmoral der Fall ist, die Gründe und Motive für moralisches Handeln in moralischen Urteilen liegen wie dem Urteil „Es ist moralisch geboten, Asylsuchenden zu helfen", dann fällt der Ethik die Aufgabe zu, die Wahrheit derartiger Urteile mit möglichst zwingenden Argumenten zu begründen, um Menschen zu einem entsprechenden Handeln zu veranlassen. Eben dies ist das Projekt der Ethik der Moderne in Gestalt der modernen ethischen Theorien, also der Kantischen Ethik und des Utilitarismus. Die Aufgabe der Ethik besteht hiernach in der *argumentativen Begründung moralischer Urteile.* Diese ist eine Sache von Experten, nämlich der philosophischen und theologischen Ethikerinnen und Ethiker, die eine besondere Kompetenz bezüglich der Konstruktion moralischer Argumente besitzen. Wo dabei die Philosophen auf Argumente der Vernunft rekurrieren, rekurrieren die Theologen auf Argumente, die aus Prämissen des christlichen Glaubens – z.B. der Gottebenbildlichkeit des Menschen – abgeleitet sind. Der Vorstellung von Moral als autoritativer Letztinstanz entspricht die Vorstellung, dass es in allen moralischen Fragen genau eine richtige Lösung gibt, die durch *die* Moral bzw. *das* Sittengesetz vorgegeben ist, ganz so, wie für den religiös Glaubenden das Richtige durch Gottes Gebot vorgegeben war. Charakteristisch für diese Art des Denkens ist darüber hinaus dessen prinzipieller Charakter: Das moralisch Richtige und Gebotene wird aus allgemeinen Prämissen, Prinzipien, Regeln oder religiösen Glaubensaussagen abgeleitet. Es fehlt das Sensorium für die Besonderheit des Einzelfalls, für Grenz- und Ausnahmesituationen.

Wenn demgegenüber, der Moral der Liebe entsprechend, die Gründe und Motive für moralisches Handeln in den Situationen und Lebenslagen liegen, denen Menschen wie z. B. Flüchtlinge ausgesetzt sind, dann besteht die ethische Aufgabe darin, für diese Situationen und Lebenslagen zu sensibilisieren, also Menschen dadurch zum Handeln zu bewegen, dass man ihnen diese Situationen vor Augen führt: Was bedeutet es für einen 17-jährigen jungen Mann aus Eritrea, der sich allein bis hierher nach Deutschland durchgeschlagen hat, sich in einem Land wiederzufinden, dessen Sprache und Kultur ihm vollkommen fremd sind, tausende Kilometer entfernt von seiner Familie und von allem, was sein bisheriges Leben ausmachte? Hier geht es nicht um die argumentative Begründung moralischer Urteile, sondern um ein möglichst genaues, empathiegeleitetes Hinsehen und Verstehen. Das aber lässt sich nicht an philosophische oder theologische Experten delegieren. Vielmehr muss hier eine jede und ein jeder selbst hinsehen und verstehen, um zu der Einsicht zu gelangen, dass man hier helfen muss. Insofern kann hier die Ethik dem Einzelnen das Urteil nicht abnehmen, indem sie selbst dekretiert, was in dieser Sache moralisch richtig oder geboten ist. Sie kann nur versuchen, ihn sehend zu machen für das, was auf dem Spiel steht, und ihn solchermaßen zu einem sachgemäßen eigenen Urteil anzuleiten. Diese Art des ethischen Denkens sieht sich in die Konflikte und Widersprüche der Wirklichkeit selbst verstrickt, bei denen es zum Beispiel um ökonomische oder politische Grenzen des Möglichen geht, aber auch um Grenz- und Ausnahmesituationen – man denke an den ganzen Komplex der Sterbehilfe –, in denen es keine eindeutigen, moralisch verallgemeinerbaren Lösungen gibt, sondern in denen, wie Bonhoeffer in seiner Ethik pointiert schreibt, das „verantwortliche Handeln [...] ein freies Wagnis" ist, „durch kein Gesetz gerechtfertigt".5

> *5. Für eine evangelische Ethik kommt nur und ausschließ-*
> *lich ein ethisches Denken im Sinne der Moral der Liebe in*
> *Betracht, dem es um ein genaues und differenzierendes*
> *Hinsehen und Verstehen zu tun ist.*

Nach dem Gesagten erübrigt sich bei dieser These eine Begründung. Ich will stattdessen nur anmerken, dass die evangelische Theologie und Ethik teilweise genauso wahrgenommen wird, und zwar mit einem Zitat des Berliner Philosophen Volker Gerhardt aus einer Disputation mit dem damaligen Ratsvorsitzenden Bischof Wolfgang Huber anlässlich des fünfzigjährigen Jubiläums der Zeitschrift für Evangelische Ethik:

„Im biowissenschaftlichen Diskurs, der die öffentliche ethische Debatte seit gut zehn Jahren dominiert, haben einzelne evangelische Theologen hohe Kompetenz bewiesen. Sie haben [...] nicht selten einen offeneren Horizont als mancher Schulvertreter aus der Philosophie bewiesen. Während Philosophen gelegentlich als Exegeten einer auf Aristoteles, Thomas, Kant oder John Stuart Mill gegründeten Lehre auftreten, achten die Theologen stärker auf die lebensweltlichen Bezüge ihrer Einsicht. [...] Dieses Lob gilt (mit der Ausnahme eines mutigen Jesuiten) nur für Theologen protestantischer Konfession. [...] Durch ihre Verbindung zu den kirchlichen Diensten stehen sie der Wirklichkeit des menschlichen Handelns näher. Sie nehmen die Entscheidungsnot wahr, in denen sich Eltern mit dem Wunsch nach einem gesunden Kind befinden, oder Schwangere in einer ausweglos

---

5 Dietrich Bonhoeffer, Ethik, München: Chr. Kaiser Verlag, 1992, 285.

erscheinenden Lage oder Schwerstkranke, die keine weiteren Therapien wünschen. Daher ist es den protestantischen Theologen in den letzten Jahren gelungen, in schwierigen Fragen zu vermitteln, obgleich die Position der höchsten Kirchenleitung dem entgegenstand und leider immer noch entgegensteht."[6]

6. Der Typus der Gesetzesmoral und das ihm entsprechende ethische Denken finden sich teilweise auch in kirchlichen Stellungnahmen zu ethischen Fragen. Leitend ist dabei die Vorstellung, die Kirche müsse sich in kontroversen ethischen Fragen als Kirche positionieren und eindeutig zugunsten einer der strittigen Optionen Stellung beziehen, was in der Regel dadurch geschieht, dass für die betreffende Option theologische Begründungen und Argumente entwickelt werden. Damit wird öffentlich der Eindruck erzeugt, als gäbe es in ethischen Fragen wie insbesondere Fragen der Bioethik immer „die" christliche oder kirchliche Position und als könnten evangelische Christinnen und Christen in solchen Fragen nicht mit guten und respektablen Gründen unterschiedlicher Meinung sein.

Hier ließe sich nun eine Menge sagen, wozu im Rahmen dieses Impulsreferates die Zeit fehlt. Um Missverständnissen vorzubeugen, will ich vorweg betonen, dass die in der These formulierte Kritik keineswegs auf *alle* kirchlichen Stellungnahmen zu ethischen Fragen zutrifft. Doch ist in derartigen Stellungnahmen das gesetzesmoralische Denken auch nicht eben selten. Ich muss mich hier auf ein Beispiel beschränken, nämlich auf die Stellungnahme des Rates der EKD zur Präim-

---

6   Volker Gerhardt, Protestantische Ethik. Zehn Thesen zur Diskussion mit Bischof Huber, in: Protestantische Ethik für das 21. Jahrhundert. 50 Jahre Zeitschrift für Evangelische Ethik, Sonderheft, 2007, 49.

plantationsdiagnostik (PID) vom 15. Februar 2011.[7] Es ging damals um die Frage der rechtlichen Zulassung der PID. In seiner Stellungnahme sprach sich der Rat dagegen aus. Seine theologische Begründung war: PID ist gleichbedeutend mit einer Selektion zwischen lebenswertem und lebensunwertem Leben, und das widerspricht dem christlichen Menschenbild. Der erste Teil dieser Begründung ist auf dem Hintergrund der Rolle, die die Eugenik in der deutschen Vergangenheit gespielt hat, gleichbedeutend mit einer moralischen Ächtung der PID, und der zweite Teil, die Berufung aufs christliche Menschenbild, stützt diese Ächtung zusätzlich theologisch ab. Es fehlt in dieser Stellungnahme das, was Volker Gerhardt bei seinem Lob evangelischer Ethiker im Blick hat, nämlich das genaue Hinschauen auf die lebensweltlichen Bezüge, also auf potenzielle Eltern aus Familien mit einer Erbkrankheit, die sich die PID als eine mögliche Option wünschen, und zwar – wohlgemerkt – nicht, um lebensunwertes Leben aussortieren zu können, sondern um dem Kind, das sie sich wünschen, das Leid zu ersparen, das die Erbkrankheit bedeutet. Das sind zwei grundverschiedene Dinge, und man tut solch potenziellen Eltern zutiefst Unrecht, wenn man sie in die Ecke der Eugenik rückt.[8]

Gerne hätte ich noch ein zweites Beispiel gegeben, nämlich die Orientierungshilfe „Es ist normal, verschieden zu

---

7 Stellungnahme des Rates der Evangelischen Kirche in Deutschland zur Präimplantationsdiagnostik (PID): „Deine Augen sahen mich, als ich noch nicht bereitet war [...].“ (Psalm 139,16), herausgegeben von der Pressestelle der Evangelischen Kirche in Deutschland (EKD).

8 Vgl. hierzu Johannes Fischer, Christliches Menschenbild als Götze. Zur Stellungnahme des Rates der EKD zur Präimplantationsdiagnostik (PID), in: zeitzeichen. Evangelische Kommentare zu Religion und Gesellschaft, 6/2011, 41-43.

sein" zum Thema Inklusion, mit der sich der Rat der EKD in einer hochmoralisch geführten gesellschaftlichen Debatte positioniert. Aus Zeitgründen muss ich es stattdessen bei folgenden Fragen belassen: Wo steht eigentlich geschrieben, dass kirchenleitende Instanzen sich in allen die Gesellschaft bewegenden moralischen Fragen oder in hochmoralisch geführten Debatten wie der Inklusionsdebatte als *kirchenleitende Instanzen* zu Wort melden und zugunsten der einen oder anderen Option positionieren müssen, und dies unter Aufbietung theologischer Begründungen, mit denen Gott als ein *Argument* für die betreffende Option ins Spiel gebracht wird?[9] Und muss es denn in allen wichtigen ethischen Fragen immer genau *einen* „christlichen" oder „kirchlichen" Standpunkt geben? Können Christinnen und Christen nicht in vielen, auch fundamentalen ethischen Fragen mit guten Gründen verschiedener Meinung sein? Letzteres gilt umso mehr, wenn man sich vergegenwärtigt, dass dieser vermeintlich „christliche" Standpunkt in so mancher kirchlichen Stellungnahme gar nicht theologisch hergeleitet wird aus Prämissen, die mit dem christlichen Glauben zu tun haben, sondern unter Berufung auf Argumente anderer Art. So ist in der gemeinsamen Erklärung der Kirchen „Gott ist ein Freund des Lebens" von 1989 das zentrale Argument für die These, dass Embryonen vom Zeitpunkt der Keimzellenverschmelzung an im vollen Sinne Menschen mit Gottebenbildlichkeit und Menschenwürde sind, das sogenannte Kontinuitätsargument,[10] das ein philosophisches und kein theologisches

---

9   „Gott ist zum Argument geworden, rechtlich, moralisch und politisch."
    (Knud Løgstrup, Die ethische Forderung, 2., unveränderte Auflage, Tübingen: Laupp'sche Buchhandlung, 1968, 122)

10 Gott ist ein Freund des Lebens. Herausforderungen und Aufgaben beim

Argument ist und das noch dazu in der philosophisch-ethischen Debatte hochumstritten ist. Ungeachtet dieser Strittigkeit wird aus diesem Argument *die* Position der Kirchen in der Frage der Schutzwürdigkeit des vorgeburtlichen Lebens abgeleitet, und diese Festlegung hat bekanntlich in den Folgejahren der bioethischen Debatte eine erhebliche Wirkungsgeschichte gehabt, in denen sich die Kirchen als Bastionen des absoluten Lebensschutzes profiliert haben, teils in Widerspruch zu Positionen, die zumindest die evangelische Kirche zuvor eingenommen hat. Wenn kirchliche Orientierungshilfen tatsächlich das sein sollen, was sie zu sein beanspruchen, nämlich *Orientierungshilfen*: Müssten sie dann nicht, statt in ethisch kontroversen Fragen gewissermaßen *ex cathedra* genau *eine* Position als die richtige, christliche und kirchliche zu behaupten, ihre Aufgabe darin sehen, die verschiedenen kontroversen Positionen mit ihren jeweils besten Gründen und Argumenten und gewiss auch den zugehörigen theologischen und nichttheologischen Einwänden darzustellen, um es solchermaßen ihren Lesern und Adressaten zu ermöglichen, sich ein wohlbegründetes eigenes Urteil zu bilden? Entspricht nicht allein dies dem protestantischen Prinzip, dass jede und jeder selbst urteilen muss und keine Instanz dieser Welt ihr bzw. ihm dies abnehmen kann?

7. Es gibt eine sowohl gesellschaftliche als auch innerkirchliche Tendenz, die Kirche in Gestalt ihrer leitenden Gremien und Instanzen in die Rolle von so etwas wie einer Moralagentur zu drängen, die gesellschaftlich kontro-

---

Schutz des Lebens, Gemeinsame Erklärung des Rates der Evangelischen Kirche in Deutschland und der Deutschen Bischofskonferenz, Gütersloh 1989, 43.

verse moralische Fragen mit der ihr als Kirche eigenen Autorität und unter Beisteuerung religiöser bzw. theologischer Legitimationen ex cathedra eindeutig entscheiden soll bzw. entscheidet.

Wenn hier von „Tendenz" die Rede ist, dann ist damit das Zusammenwirken eines komplexen Bündels von Faktoren gemeint, von denen hier nur drei angesprochen werden sollen:

a) das gesetzesmoralische Verständnis von Moral, wonach es sich bei der Moral um eine autoritativ-verpflichtende Letztinstanz handelt, die man in gesellschaftlich kontroversen Fragen für sich zu reklamieren sucht. Von diesem Moralverständnis her liegt es nur zu nahe, die Kirche als eine Institution in Anspruch zu nehmen, die von ihrer Tradition her für diese Instanz zuständig ist und die deren autoritativen Anspruch religiös überhöhen und mit theologischen Legitimationen versehen kann. Darin kann umgekehrt für die Kirche die Versuchung liegen, um ihrer öffentlichen Stellung und Bedeutung willen dieser Erwartung nachzukommen.

b) die Moralisierung bzw. Ethisierung der Dimension des Religiösen. Wenn nicht alles täuscht, gibt es sowohl außerhalb wie innerhalb der Kirche Tendenzen hin zu einer Auffassung von Religion, welche nicht mehr an den traditionellen Glaubensinhalten orientiert ist, sondern der zufolge Religion in ihrem Kern in einem Glauben an die Werthaftigkeit der Wirklichkeit und an die objektive Existenz von Werten besteht. Paradigmatisch für diese Religionsauffassung ist Ronald Dworkins Buch „Religion ohne Gott".[11] Dementsprechend wird auch die Kirche sowohl gesellschaftlich als auch teilweise von ihren eigenen Mitgliedern als eine Institution

---

[11] Ronald Dworkin, Religion ohne Gott, Frankfurt am Main 2014.

gesehen, die für Werte und Wertvermittlung und überhaupt für das moralisch Gute steht. Darin kann für kirchenleitende Instanzen die Versuchung liegen, dieser Erwartung zu entsprechen und die Kirche öffentlich als eine Institution der Wertevermittlung, ja als Bollwerk der Verteidigung grundlegender Werte – insbesondere beim Thema Lebensschutz – zu profilieren.

c) der Bedeutungsverlust von Kirche und Theologie. 1945, am Ende des Zweiten Weltkriegs, gehörte es zu den selbstkritischen Einsichten der Evangelischen Kirche, dass sie auf den fortschreitenden Bedeutungsverlust seit der Industrialisierung und vollends seit Ende des Ersten Weltkriegs und der Austrittswelle der Zwanziger Jahre nur mit einer Zentrierung auf sich selbst in Gestalt von volksmissionarischen Anstrengungen der Bestandserhaltung reagiert hatte und darüber ihre Mitverantwortung für die Gestaltung von Gesellschaft und Politik aus dem Auge verloren hatte. Dies führte zur Gründung der evangelischen Akademien und zur dortigen berufsgruppenbezogenen Arbeit mit dem Ziel, Christinnen und Christen reflexions- und sprachfähig zu machen im Hinblick darauf, was es heißt, als Christ Gewerkschafter, Unternehmer, Lehrer, Soldat, Jurist, Naturwissenschaftler usw. zu sein. Und es führte zum Gedanken eines öffentlichen Auftrags der Kirche, der sich in der institutionellen Struktur der EKD mit ihren verschiedenen Kammern niedergeschlagen hat. Heute kann man umgekehrt den Eindruck haben, dass Kirche und Theologie den Bedeutungsverlust, den sie gegenwärtig erleben, durch Anstrengungen im Bereich ihrer öffentlichen Präsenz zu kompensieren suchen, indem sie im öffentlichen Raum ihre gesellschaftliche Relevanz unter Beweis zu stellen suchen. Damit aber machen sie sich abhängig von den Vorstellungen, die innerhalb der Gesellschaft darüber herrschen, worin die Relevanz von Religion und Kirche besteht, und das ist nach dem Gesagten vor allem Moral und Wertevermittlung. Dieses öffentliche Agieren der Kirche in Gestalt ihrer diversen Stellungnahmen und Orientierungshilfen geschieht dabei zumeist völlig abgekoppelt von der kirchlichen Basis in Gestalt der Ortsgemeinden. Das ist genauso eine Frage an die Theologie, nämlich mit welchen Strategien sie sich in Anbetracht ihres Bedeutungsverlusts in Universität und Gesellschaft zu behaupten sucht und an welchen Adressatenkreisen sie sich dabei primär ausrichtet, ob als öffentliche Theologie an der gesellschaftlichen Öffentlichkeit und deren moralischen bzw. politischen Debatten oder ob als kirchliche Theologie an den Gemeinden, für die sie die Pfarrerinnen und Pfarrer ausbildet, und an der dort gelebten kirchlichen Praxis mit all den Fragen und Problemen, die sich in diesem Kontext stellen.

8. Aufgrund des Ursprungs der Moral in der jüdisch-christlichen Tradition sollten gerade die Theologie und die Kirchen ein geschärftes Bewusstsein haben für die Ambivalenz und Zweideutigkeit der Moral. Das gilt besonders für die evangelische Theologie und Kirche auf dem Hintergrund der protestantischen Rechtfertigungslehre. In diesem Sinne sollten kirchenleitende Instanzen, die öffentlich zu moralischen Fragen Stellung nehmen, sich Rechenschaft geben über das Verständnis von Moral, das sie dabei zugrunde legen, sowie über Motivation, Sinn und Funktion ihrer Stellungnahmen, und zwar gerade in Anbetracht der häufig fragwürdigen Rolle, die die Moral in der gesellschaftlichen und politischen Öffentlichkeit spielt.

Peter Schallenberg

Kirchliche Sprache im Rahmen der *Ökumenischen Sozialinitiative*

Wenn man sich mit der Sprache der *Ökumenischen Sozial-initiative* beschäftigt, muss man sich zunächst den Kontext ihrer Entstehung in Erinnerung rufen: Der Text der *Sozialinitiative* ist in mehreren Sitzungen entstanden, die von der Kammer für soziale Ordnung der EKD und der Kommission VI für gesellschaftliche und soziale Fragen der DBK einberufen wurden. Ein erster Entwurf wurde dann in einem weiteren Kreis in München diskutiert. Ziel war es, einen fundierten, dabei zugleich allgemeinverständlichen Text zu verfassen. Dies scheint gelungen. Auf Fachbegriffe, auch auf theologische, wurde weitgehend verzichtet, wenn auch im Abschnitt „Orientierung aus christlicher Verantwortung" ein theologisches Fundament für die Sozialinitiative geliefert wurde, das auf der Bibel gründete, jedoch auch Begriffe, wie etwa die „Option für die Armen" aufgriff, die vermutlich nur im binnenkirchlichen Raum vollständig verstanden wurden. Dennoch bleibt festzuhalten, dass insgesamt ein allgemeinverständlicher Text vorgelegt wurde. Zu diesem Aspekt gehört auch, dass eine verkündende Sprache, die möglichst viele Menschen erreichen will, naturgemäß schlichter formuliert als etwa ein wissenschaftlicher Aufsatz.

Bei einem Blick in die Reaktionen auf die Sozialinitiative muss man konstatieren, dass von vielen Gruppen angemerkt wurde, dass sowohl Sprecher als auch Adressat der Sozialinitiative für viele zu ungenau benannt wurden. In manchen Reaktionen wurde explizit gefragt: Wer spricht, wenn „die Kirchen" sprechen? Und wen wollen sie konkret erreichen, wenn Rat der EKD und Deutsche Bischofskonferenz sich an „alle Interessierten [...] die sich dem Gemeinwohl verpflichtet fühlen" wenden? Die bewusst offene Formulierung schien manchen Lesern zu ungenau, um eine Diskussion zu ermöglichen. Dies erklärt vielleicht auch, dass sich zwar Einzelpersonen aus dem kirchlichen Raum neben vielen Verbänden, Organisationen und Arbeitskreisen aus der Kirche und darüber hinaus zu Wort meldeten, es jedoch kaum eine Reaktion von diesen am Gemeinwohl interessierten, aber kirchlich ungebundenen Einzelnen gab.

Darüber hinaus ist festzuhalten, dass der Text versuchte, ausgewogene Aussagen zu machen. Dies wurde zwar von manchen Kommentatoren als Mangel angesehen, wie etwa vom Diakonischen Werk Bayern, das in einem Kommentar auf der Homepage schrieb: „Die auf Ausgewogenheit bedachte Sprache der Sozialinitiative wird der existenziellen Not vieler Menschen und dem tatsächlichen Ausmaß von sozialer Ungleichheit in Deutschland, Europa und weltweit leider nicht gerecht."[1]

Es gab jedoch auch positive Reaktionen auf die Ausgewogenheit des Textes: so schrieb etwa *K. Rüdiger Durth* im Generalanzeiger vom 05. März 2014: „[Die] Kirchen vertreten keine einseitigen Interessen, sondern die Interessen des Menschen, dem alles Wirtschaften zu dienen hat." Jedoch wird auch die Allgemeinheit der Aussagen von vielen Kommenta-

---

[1] Vgl. Stellungnahme auf www.sozialinitiative-kirchen.de (abgerufen am 15.09.2015).

toren beklagt. Der Mainzer Sozialethiker Gerhard Kruip beschreibt jedoch in einem Artikel in der Herder Korrespon-
denz[2] das Dilemma der Kirchen, deren ausgewogene und ver-
nünftige Äußerungen bestenfalls als langweilig gälten. Er betont, dass die Aussagen nicht weniger relevant würden, weil
sie auch andere gesellschaftliche Akteure träfen. Sein Kollege in Sankt Georgen, *Bernhard Emunds*, beklagt jedoch, dass
im Text der Sozialinitiative keine kritischen Fragen zu gesellschaftlichen Missständen gestellt werden. Emunds und
andere erwarten nicht unmittelbare Antworten der Kirchen,
wohl aber kritische Fragen.[3]

Es liegt allerdings in der Natur der Sache, dass ein Text,
der von Gremien erarbeitet und dann von weiteren Gremien
besprochen und verabschiedet wird, eine abwägende Sprache
hat, da viele Formulierungen auf Kompromissen in der Aussage (be)ruhen. Wie *Gerhard Wegner* (in seinem Artikel in der
Gegenblende) betonte, waren der Wille zum Konsens und die
Bereitschaft zum Kompromiss wichtig für die gemeinsame
Veröffentlichung der beiden Kirchen. Zumal eine ausgewogene Aussage eher zur Diskussion einzuladen vermag, als zu
pointierte Einzelaussagen, wie Wegner deutlich ausführte.[4]
Deshalb scheint auch die geäußerte Kritik, die Ausgewogenheit des Textes, dem viele Kommentatoren ein „entschiedenes
sowohl als auch" attestierten, sei eine Schwäche der Sozialinitiative, nicht berechtigt. Vielmehr ist die Sachlichkeit des
Textes zu loben, wie das auch vielfach geschah (so etwa *Michael Inacker*, Vorsitzender der Internationalen Martin-Lu-
ther-Stiftung u. a.). Diese Sachlichkeit führte jedoch dazu,

---

2 Gerhard Kruip, HK April 2014.
3 Bernhard Emunds, Stimmen der Zeit 2014.
4 Gerhard Wegner, Gegenblende 2014.

dass der Text von vielen Menschen durchaus positiv rezipiert wurde, jedoch keine weitere Diskussion auslöste. Diskussionen gab es dann nur mit Gruppen, die die Ausgewogenheit zum Thema machten, weil ihre eigenen, pointierteren Forderungen im Text nicht auftauchten. Schwieriger scheint der Vorwurf mangelnder Stringenz zu wiegen, den Sozialethiker beider Konfessionen erheben, wenn sie bemängeln, dass die ethische Argumentation nicht durchgehend gezogen wurde, sondern nach einigen grundsätzlichen Bemerkungen am Anfang nur noch einzelne Begriffe fielen, die um die Wortfelder „Verantwortung" und „Gerechtigkeit" kreisten (so *Franz Segbers, Bernhard Emunds, Marianne Heimbach-Steins, Hartmut Kreß* in „Stellungnahme zur Sozialinitiative" auf der Homepage). Dieser Vorwurf, berechtigt oder nicht, verdeutlicht noch etwas Anderes: Eine tatsächliche Schwäche des Textes scheint zu sein, dass für viele Kommentatoren „Steinbruchexegese" möglich war und sie einzelne (Halb-)Sätze oder eben gut klingende Begriffe herausgreifen konnten, um eine Untermauerung für ihre eigenen Thesen zu finden. Damit unterliegt der Text der Gefahr der Unverbindlichkeit, in der jeder eine ihm genehme Aussage findet. Das könnte der tatsächliche Preis der Ausgewogenheit sein.

Bevor man diese Befürchtung jedoch zu stark bewertet, lohnt es sich, einen Blick in die Geschichte der Sozialworte zu werfen. Ich tue dies exemplarisch mit Rückgriff auf das letzte Gemeinsame Wort der beiden Kirchen „Für eine Zukunft in Solidarität und Gerechtigkeit" aus dem Jahr 1997.

Schon damals wurde als ein Motiv der Abfassung „die nüchterne Selbstvergewisserung in einer Zeit nationaler, europäischer und globaler Veränderung"[5] gesehen. Darin

---

5   Peter Schallenberg 1998, 203.

scheint auch für die Sozialinitiative etwas Wichtiges zu stecken, auch wenn die Selbstvergewisserung nicht neu bedacht werden sollte, sondern, auf dem Text von 1997 beruhend, in der Sozialinitiative 2014 eine nüchterne Stellungnahme zu den erwähnten Veränderungen erfolgen sollte. Dennoch sollte der Text über die reine Tagespolitik hinausgehen. Dies bedingt eine gewisse Allgemeinheit der Aussagen, denn die Gefahr von Konkretisierungen ist ihre schnelle „Vergänglichkeit": Wenn man nur auf tagespolitische Herausforderungen eingeht, verliert der Text die Relevanz, sobald die Lage sich ändert. Ein aktuelles Beispiel wären etwa kirchliche Äußerungen zur Flüchtlingsthematik: diese müssen zwar grundsätzliche ethisch-christliche Überzeugungen in die aktuelle Diskussion einbringen, wenn sie jedoch zu sehr etwa auf die Frage der Aufnahme und Verteilung der Flüchtlinge als Herausforderung abheben, werden sie nicht mehr zur Kenntnis genommen, sobald es dort eine Regelung gibt.

In diesem Spannungsverhältnis stehen öffentliche Stellungnahmen und Sozialworte der beiden Kirchen immer. Hierbei ist es auch unerheblich, ob diese Stellungnahmen gemeinsame beider Kirchen sind oder ob eine Kirche allein eine Erklärung veröffentlicht: Die Texte versuchen grundsätzliche Aussagen, die auf ihrem christlichen Fundament, besonders auf ihrem Menschenbild beruhen, in der jeweiligen gesellschaftlichen Situation neu in den Diskurs einzubringen. Dies bedeutet zum einen, dass Texte allgemeinverständlich sein müssen, zum anderen bedingt es aber auch eine gewisse Verallgemeinerung der Aussagen. Denn diese Stellungnahmen sollen ja über den Moment ihrer Veröffentlichung hinaus eine gewisse Wirkungszeit haben, so dass sie nicht, wie ich am Beispiel der Flüchtlingsproblematik zu verdeutlichen versuchte, zu aktuell sein dürfen.

Zusammenfassend lässt sich also festhalten: Der Text der Sozialinitiative wurde von einem größeren Kreis von Autoren verfasst und überarbeitet. Die Endversion ist in allgemeinverständlicher Sprache gehalten. Auf theologische Fachsprache wurde weitestgehend verzichtet, um eine breite gesellschaftliche Diskussion zu ermöglichen. Es gibt viele ausgewogene Aussagen, die zum einen Ergebnis eines Kompromisses sind, zum anderen durch ihre Allgemeinheit jedoch über die Tagesaktualität hinaus Grundlage weiterer Diskussionen in der Sozialverkündigung der Kirchen sein können. Sozialworte müssen immer einen Bezug zwischen theologischen und ethischen Grundlagen und der aktuellen Situation herstellen. Denn solche Texte sind oft mehrere Jahre Grundlage für den Diskurs zwischen Kirche und Gesellschaft und dürfen deshalb nicht zu sehr auf ganz aktuelle Konfliktlagen Bezug nehmen. Vielmehr müssen sie christliche Anliegen und Einsichten in eine sich verändernde Welt einbringen.

Literatur

Emunds, Bernhard (2014): Fehlstart. Zur ökumenischen Sozialinitiative und ihrem Impulstext. In: Stimmen der Zeit 232 (2014), 335–345.

Kruip, Gerhard (2014): Impuls für weitere Diskussionen. Kirchen legen neues „Sozialwort" vor. In: HK 68 (2014), 173–177.

Schallenberg, Peter (1998): Marktwirtschaft als „fröhlicher Wechsel und Streit"? Theologische und anthropologische Implikationen des Sozialwortes der Kirchen. In: Theologie und Glaube 88 (1998), 202–217.

Schallenberg, Peter (2014): Gemeinsame Verantwortung. Anmerkungen zur Ökumenischen Sozialinitiative. In: Die neue Ordnung 68 (2014), 404–413.

Wegner, Gerhard (2014): Der Kompromiss als integrative Kraft. Das neue Sozialwort der Kirchen als stellvertretender Konsens. Online verfügbar unter: http://www.gegenblende.de/++co++acd9f768-ab88-11e3-a18b-52540066f352 (abgerufen am 15.09.2015).

Elisabeth Gräb-Schmidt

Kirche als moralischer Akteur oder als entweltlichter religiöser Sinnvermittler?

Für die „Entweltlichung der Kirche" trat Papst Benedikt in seiner berühmten Freiburger Rede bei seinem Deutschlandbesuch 2011 ein. Leitend war bei ihm die größere *Reinheit* des christlichen Zeugnisses, die er durch eine Politisierung der Theologie auch im Sinne einer zu weitgehenden Partnerschaft von Kirche und Staat gefährdet sieht.[1] Abgesehen davon, dass der jetzige Papst andere Akzente setzt, gilt auf evangelischer Seite: „Wer fromm ist, muss politisch sein."[2] Anlässlich von Bonhoeffers 70. Todestag im Jahr 2015 brachte der Ratsvorsitzende die Theologie Bonhoeffers auf diesen Punkt. Kirche muss sich demzufolge „einmischen."[3]

Die Frage der Verhältnisbestimmung von Politik und Theologie lässt sich aber nicht leicht beantworten, ebenso wenig wie die Rolle von Theologie und Kirche als Instanzen für die Installierung der Moral in der Gesellschaft. Gegenwärtig erleben wir, dass die Kirche – und zwar beide Kirchen – sich in

---

[1]   Vgl. Franz-Xaver Kaufmann, Entweltlichte Kirche?, FAZ Nr. 23, 27.01.2012, 11.

[2]   Heinrich Bedford-Strohm, in: Die Zeit Nr. 15, 09.04.2015, 56.

[3]   Eduard Kopp in Chrismon August 2015, 41. Als wegweisend für die künftige Aufgabe der Kirche verstand sich die Denkschrift „Evangelische Kirche und freiheitliche Demokratie. Der Staat des Grundgesetzes als Angebot und Aufgabe" von 1985. Das schließt sich öffentlich zu Wort zu melden ein.

hohem Maße durch gesellschaftliche Aufgaben herausgefordert sehen, allen voran durch die Flüchtlingsfrage, in der die Politiker sich auch aktiv an die Kirchen wenden, oder in der geplanten Änderung gesetzlicher Regelungen der Sterbehilfe, um nur die beiden herausragenden Punkte zu nennen. Sich da zurückzuhalten stünde den Kirchen schlecht zu Gesicht. Hier sind sie gefragt als moralische Akteure, weil diese Fragen eben auch den innersten Kern ihrer christlichen Botschaft betreffen: das Verständnis des Menschen und seiner Würde, ebenso wie die Nächstenliebe, die auch dem Fremden und gerade ihm gelten soll. Gleichwohl stellt sich die Frage der Legitimation und darüber hinaus die strittige Frage der Art und Weise der Einmischung. Es stellen sich Fragen der Bedingungen, unter denen solche Einmischung in der modernen, ausdifferenzierten Gesellschaft geschieht und eine Wirksamkeit entfalten kann. Für die Frage der Legitimation moralischer Weisung von Theologie und Kirche wird im vorliegenden Beitrag geltend gemacht, dass das Christentum eine Lebensform ist und dass der Gestaltungsauftrag des Lebens aus dem christlichen Zeugnis erwächst. Er schließt an die Überlegungen der Denkschriften von 1970 an: „Die Legitimation der Kirche, sich zu politischen und gesellschaftlichen Fragen zu äußern, beruht nach ihrem Selbstverständnis auf dem umfassenden Verkündigungs- und Sendungsauftrag ihres Herrn."[4] Diese Überlegungen wurden in der Denkschrift „Das rechte Wort zur rechten Zeit" von 2008 fortgeführt. Demnach ist die Kirche „nicht nur berechtigt, sondern sogar verpflichtet, die ihr aufgetragene Botschaft so umfassend und

---

4 Aufgaben und Grenzen kirchlicher Äußerungen zu gesellschaftlichen Fragen – EKD-Denkschrift 1970, in: Bd.1/1 des Sammelwerks „Die Denkschriften der Evangelischen Kirche in Deutschland", Gütersloh 1978, Ziffer 10, 49.

allgemein zugänglich, also öffentlich zu Gehör zu bringen, dass deren Bedeutung für alle Menschen und Völker und für alle Bereiche unseres Lebens vernehmbar wird"[5].

Hinsichtlich der Frage ihrer Legitimation, aber auch der Frage nach dem Wie und den Voraussetzungsbedingungen moralischen Agierens der Kirche, möchte ich zwei Bereiche hervorheben und im Folgenden betrachten, die für die Moral in der Moderne von Bedeutung und für die Rolle der Religion bzw. deren Ausblendung im Rahmen der Säkularisierung von Gewicht sind: den Bereich der Werte als Instanz moderner moralischer Orientierung und die Unterscheidung und Funktion der Bereiche des Privaten und Öffentlichen. Beide Bereiche sind Ausfluss jener Verschiebungen, die in der Moderne die Aufgabe von Moral und Politik betreffen, und an beiden kann m. E. ein Defizit der Moderne veranschaulicht werden. Dieses besteht darin, dass die Moderne mit der Verabschiedung der Religion sich nicht mehr auf die auch in ihr verborgenen Transzendenzdimension zu verständigen wusste. Dass ihr dies zum Schaden gereichte, zeigt sich nicht nur an der revoltierenden Wiederkehr von Religion in Fundamentalismus und Terrorismus, sondern bereits früher am Verlust der Orientierungskraft der Moral.

Den Spuren dieses Defizits sind Kirche, Theologie und Gemeinde in gewisser Weise in den jüngeren Diskussionen nachgegangen. Genannt seien drei Orte: die EKD-Synode in Dresden 2014, die Begegnungstagung von Rat und EKD in Meißen 2015 und der Kirchentag in Stuttgart 2015. Das Thema der Synode „Die Kommunikation des Evangeliums in der digitalen Gesellschaft" nahm intensiv die Frage der mit der Di-

---

5 Das rechte Wort zur rechten Zeit, Eine Denkschrift des Rates der EKD zum Öffentlichkeitsauftrag der Kirche Gütersloh 2008, 19 f.

gitalisierung verbundenen Gefahren für das Öffentliche und Private in Blick, etwa die Gefahren der Überwachung, die Heraufführung des „gläsernen Menschen", aber auch die Chancen, die mit den neuen Technologien verbunden sind, etwa im Gesundheitsbereich. Die Aufgaben für die Äußerungen der Kirchen bewegten sich vor allem um die Frage des Verhältnisses von privat und öffentlich und wie diese Bereiche zu schützen und zu gestalten sind. Das galt auch für die Begegnungstagung von Rat und leitenden Geistlichen. Für den Kirchentag möchte ich das Podium zur Arbeit nennen. Auch für diesen Bereich wurde die Verschiebung des Öffentlichen und Privaten als Problem in der digitalen Gesellschaft beleuchtet. Durch permanente Erreichbarkeit wird zwar eine Flexibilisierung der Arbeit ermöglicht, zugleich aber auch eine Durchmischung von Berufs- und Privatleben provoziert, die nicht selten den Menschen in seiner Selbstverständigung und Selbstverwirklichung und vor allem in seiner Einbindung in das soziale Leben massiv behindert.

Wie kann angesichts der gesellschaftlichen Herausforderungen die Orientierungskraft für moralisches Handeln gewonnen werden und welche Rolle können dabei Werte spielen?

Im Ruf nach Werten begegnet das Desiderat einer Inanspruchnahme von christlicher Theologie und Kirche als öffentliche, moralische Instanz. In der Auffassung von GOYA, einer Markenagentur, soll die Kirche sich denn auch als Lieferant identitätsstiftender Werte und Emotionen darstellen.[6] Aber ist der Ruf nach Werten tatsächlich das, was Theologie

---

[6] So akzentuierte das Unternehmen eine wesentliche Aufgabe von Kirche in einer Werbebroschüre. GoYa! Die Markenagentur, Kirche muss wieder relevanter werden (http://www.goya.eu ; Zugriff: 21.12.2015).

und Kirche als Agenten der Moral auf sich beziehen sollten? Zugleich stellt sich die Frage: Überschätzen Theologie und Kirche nicht ihre eigene Kompetenz, wenn sie den ihr in der Moderne zugewiesenen Ort des Privaten einfach ignorieren und wenn sie in ihrem Reden und Handeln öffentliche Relevanz beanspruchen? Wird die moderne Ausdifferenzierung der Gesellschaft und die mit der Säkularisierung einhergehende Problematik der Pluralität dann nicht vernachlässigt? Diese beiden Fragen nach der Bedeutung der Werte und der Verschiebung der Bereiche des Privaten und Öffentlichen in der Moderne leiten die folgende Untersuchung.

Beide nämlich, die Werte wie die Bereiche des Öffentlichen und Privaten, sind in der Moderne in ihrer spezifischen Eigenart aufgetreten und beide werden in ihrem innersten Kern durch die so genannte Metaphysikkritik affiziert. Während die Metaphysikkritik nicht rückgängig gemacht werden kann und soll, ist die Bestimmung der Werte – so die These – zu modifizieren. Werte sind in ihrer Bestimmung und Modifikation so zu betrachten, dass sie der Ambivalenz der säkularisierten Moderne Rechnung tragen können. Dies erfordert zweierlei: Erstens sollen Werte in ihrer Geltungsfunktion nicht missverstanden und zweitens soll das Verhältnis von öffentlich und privat nicht als dichotomisch und undurchlässig aufgefasst und so seiner emanzipativen Kraft beraubt werden.

Diese Forderung führt uns zur Klärung der Voraussetzungsbedingungen für das die Säkularisierung leitende Verständnis von Vernunft und Freiheit und der mit ihr verbundenen Weichenstellung des Privaten und Öffentlichen auf der einen und dem Ruf nach Werten auf der anderen Seite. Nur wenn wir diese Klärung in angemessener Weise vornehmen, wird es uns glücken, die Bedeutung der Moral und die Rolle von Theologie und Ethik in diesem Zusammenhang genauer zu erfassen.[7] Sowohl für die Rede von den Werten und ihrer Kritik als auch für die Bestimmung der Bereiche des Privaten und Öffentlichen sowie der Zuordnung der Religion zum Bereich des Privaten sollen im Folgenden Momente offengelegt werden, die die für die Handlungsfähigkeit dringend benötigte Orientierung und Verbindlichkeit bieten können. Zentrale Bedeutung für die Erhaltung einer emanzipativen Freiheit und Moralität des Menschen gewinnt hier die Religion.

Grundlegende These ist daher: Auch in der Moderne beansprucht Religion als Ausweis des Transzendenzbezugs des Denkens und Handelns nach wie vor ungeminderte Geltung. Dieser Transzendenzbezug verhindert nicht, sondern ermöglicht eine ethisch relevante Moral, indem er die Selbstbestimmung des Menschen einfordert. Diese ermöglicht es, Werte auf ihre Entstehungsbedingungen und den Bereich des Privaten auf seine Inspirationsbedingungen zu durchleuchten. In einem ersten Schritt wird die Rolle und Funktion der Religion in der säkularisierten Moderne behandelt werden, um zweitens den für die moderne Moral einschlägigen Wertebegriff und dessen kritische Rezeption durch Theologie und Kirche näher zu beleuchten. Dies hat kritisch insofern zu geschehen, als der Geltungsanspruch der Werte letztlich einhergeht mit ihrem ökonomischen Funktions- und Effizienz-

---

7 Während ich im Blick auf die Werte andernorts deren moderne Funktion schon zu bedenken versucht habe (vgl. Elisabeth Gräb-Schmidt, Säkularisierung, Werte und die Aufgabe der theologischen Ethik, in: Richard Amesbury, Christoph Ammann [Hrsg.], Was ist theologische Ethik? Beiträge zu ihrem Selbstverständnis und Profil, Zürich 2015, 75–92), werde ich das hier nun zusätzlich mit der Funktionsunterscheidung und Zuordnung der Bereiche des Privaten und Öffentlichen noch einmal gezielt vornehmen.

denken, das die eindimensionale, auf technische Rationalität und Funktionalität eingeschränkte Moderne abbildet. Sie muss kritisch hinterfragt werden, um eine Rationalität der Moralität aufrechterhalten zu können. Für diese ist eine bestimmte Erhaltung der Polarität der Bereiche des Privaten und Öffentlichen kennzeichnend, der sich der dritte Abschnitt zuwendet. Viertens werden die Überlegungen zur politischen Aufgabe der Religion auf die reformatorische Weichenstellung der Zwei-Reiche-Lehre bezogen, die die Modernefähigkeit auch und gerade der reformatorischen Einsichten erweisen können. In einem fünften Abschnitt kann festgehalten werden: Reformatorische Theologie erweist sich insofern als Wegbereiter aufgeklärter Gestalt des Christentums, als sie die Parameter der Moderne von Emanzipation und Freiheit ebenso wie die von Säkularisierung und Religion aufnehmen kann, um zugleich – über diese hinausführend – in einer unverstellten Sicht an die Gebrochenheit des Humanum zu erinnern.

1. Zum Verhältnis von Säkularisierung, Religion und Vernunft und ihre Verschiebungen in der Moderne

„Gottes Jahrhundert ist angebrochen", so schrieb die Politikwissenschaftlerin Monica Toft in ihrem Buch „God's Century".[8] Sie gibt dem amerikanischen Theologen Harvey Cox Recht, der vor einigen Jahren die Säkularisierungstheorie als

---

8 Vgl. Monica Toft, „God's Century", vorgestellt in einem Interview von Michael Hartmann mit ihr: Gottes Jahrhundert ist angebrochen, in: Die Zeit, Nr. 23, 31.05.2012, 58.

„den Mythos des 20. Jahrhunderts" bezeichnet hat. Dabei verweist Toft auf die Pentecostals, die aus dem Boden schießen, als Beispiel für die Modernität der Religion.[9]

Dass Religion nicht verschwunden ist, wie es verschiedene Vertreter der säkularisierten Moderne vermutet haben, sondern dass sie gerade in der säkularisierten Moderne ihre Wirkmächtigkeit wieder mehr und mehr zu entfalten strebt, wenn auch mitunter auf unrühmliche Weise, wie es die fundamentalistischen Weichenstellungen oder die terroristischen Akte dokumentieren, ist seit der Jahrtausendwende kaum in Frage gestellt. Diese Einsicht hat nicht nur Theologen in Bann gehalten. Religionssoziologen wie Detlef Pollack[10], Jose Casanova und andere haben dieses Phänomen ausführlich beschrieben und von der Wiederkehr der Religion gesprochen. Wird damit aber die Säkularisierung in Abrede gestellt? Wohl eher nicht, vielmehr kann jetzt die Säkularisierung auf ihre Vielschichtigkeit aufmerksam machen, die nicht schlichtweg ein Verschwinden von Religion bedeutet, sondern lediglich Verschiebungen markiert. Zu berücksichtigen sind also die Vielfalt und Vieldeutigkeit des Säkularisierungsverständnisses als Ausdruck des modernen Prozesses

---

9 Vgl. ebd. Diese gewinnt sie vor allem im protestantischen Raum durch die Hervorhebung der Individualität. Dieses Moment, wofür Religion im Besonderen verantwortlich zeichnet, hat nach Toft die Modernisierung, Demokratisierung und Globalisierung vorangetrieben. Und sie setzt sich mit dieser Einschätzung dezidiert ab von einer solchen, die das „Marktgeschehen" zum Motor aller Veränderung und allem Gestaltungswillen nimmt. Toft ist der Überzeugung, dass Menschen sich nicht von der Religion abwenden, sobald ihre Grundbedürfnisse befriedigt sind, im Gegenteil sei dieses vielmehr entscheidend dafür, dass die Menschen sich für Größeres interessieren können – und das tun sie.

10 Vgl. Detlef Pollack, Die Rückkehr des Religiösen, Tübingen 2009.

zunehmender Ausdifferenzierung und Autonomisierung sozialer Systeme und Subsysteme. Diese bedeutet namentlich die Loslösung der Religion von der Politik und die Rolle der Religion, deren Stellung gleichwohl selbst relevant ist für die Gestalt und das Verständnis von Gesellschaft.

Sieht man mit Schleiermacher, dass Religion wesentlich zum Menschsein gehört oder mit Luther, dass der Gottesbezug unhintergehbar den Menschen bestimmt, dann wird man auch richtig gehen in der Vermutung, dass Religion nie verschwunden war. Sie hat nur ihr Gesicht verändert unter den Bedingungen der Säkularisierung, die den Transzendenzbezug oft einfach ausgeblendet hat. Dieser ist nicht zuletzt in andere Bereiche ausgewandert. Nicht mehr Religion, aber Bindungen in vielfältiger Gestalt treten auf, die sozusagen in anonymer Weise als Religionsersatz das markieren, was ehedem die religiöse Bindung bedeutet hat, angefangen vom Fußballspiel bis hin zum Museumsbesuch.[11] Überdeckt wird das daraus entstandene Vakuum der Selbstverständigung religiöser Bindung durch jene genannten Umcodierun-

---

[11] So hatten denn auch bereits die Religionskritiker um Ludwig Feuerbach, David Friedrich Strauß und Bruno Bauer im Anschluss an Georg Wilhelm Friedrich Hegel einen anderen Begriff der Säkularisierung im Blick, der die dem Menschen seit der Neuzeit zukommende Vernunft-, aber eben auch Glaubensfreiheit, zusichern sollte. Dessen ungeachtet führten deren Überlegungen aber in der Folgezeit nicht dazu, dass man die Sicht auf die Säkularisierung dahingehend modifizierte, dass man in der Religion selbst ein emanzipatives Moment sah. Glaube – Kirche – Religion rückten vielmehr insgesamt in den Horizont dessen, wovon die emanzipative Säkularisierung Abstand nahm (vgl. Martin Heckel, Säkularisierung, 20 f.). Gleichwohl bleibt die Trennung von Kirche und Staat weiterhin die Leitvision der Säkularisierung, und Religionsfreiheit wurde so in erster Linie als Abwehrrecht verstanden.

gen, die in eins mit dieser die eigenständige Bedeutung von Religion, nämlich zur Selbstverständigung beizutragen, überhaupt suspendiert haben. An die Stelle solcher sich als Subjekte verstehender Individuen treten die sich in der Masse verlierenden Subjekte. Sie gehen unter, sei es im „Man", nach Heidegger bzw. in der Selbststilisierung der Subjekte im Sinne Foucaults oder im stahlharten Gehäuse des Kapitalismus im Sinne Webers. In allen drei Variationen treten die Züge hervor, die den Verhaltensmechanismen, dem Funktionszwang der ausdifferenzierten Gesellschaft folgen müssen. Sie folgen den Systemzwängen der Bürokratisierung und Konsumorientierung.

Angesichts der Wiederkehr der Religion erinnern aber heute die Religionssoziologen Charles Taylor[12], Peter L. Berger[13], Hans Joas[14] und andere[15] an dieses Missverständnis der Moderne, die ein reduziertes Verhältnis von Säkularisierung und Religion anzeigt. Sie entpuppen die von Max Weber heraufbeschworene Entzauberung der Moderne als einseitig. Nicht nur Friedrich Wilhelm Grafs Diagnose von der Wiederkehr der Götter[16] und die die neue Diskussion fulminant eröffnende und seither viel zitierte Rede Jürgen Habermas' in der Paulskirche[17] haben die Weichen zur Beurteilung der Säkularisierung neu gestellt. Die Religion bzw. das Nichtab-

---

[12] Vgl. Charles Taylor, A Secular Age, Cambridge 2007.

[13] Vgl. Peter L. Berger (Hrsg.), The Desecularization of the World. Resurgent Religion and World Politics, Washington 1999.

[14] Hans Joas, Die Sakralität der Person – Eine neue Genealogie der Menschenrechte, Frankfurt am Main 2011.

[15] Vgl. die Kennzeichnung der Strömungen bei Detlef Pollack, Rückkehr des Religiösen, Tübingen 2009, 1–16.

[16] Vgl. Friedrich Wilhelm Graf, Die Wiederkehr der Götter, München 2004.

[17] Jürgen Habermas, Glaube und Wissen, Frankfurt am Main 2001.

gegoltene, der Raum des Transzendenten, findet Berücksichtigung und geht in verschiedene disziplinäre Debatten ein.[18] Eine Transzendenzdimension auch des Säkularen zeigt sich hier und warnt vor einer Zurückdrängung der Religion in den Bereich des Vormodernen. Das Anliegen der Moderne selbst ist nämlich nicht hinreichend erfasst, wenn es nicht implizit auch die ausgegrenzten Bereiche in ihren Grenzbestimmungen thematisiert und somit das Transzendente präsent hält. Zu diesen Grenzbestimmungen gehört auch die Religion.[19]

Die Frage nach der Aufgabe von Theologie und Kirche, als moralische Akteure in Erscheinung zu treten, muss sich zu dieser Konstellation der Moderne in Beziehung setzen lassen, die sich in der Säkularisierungsthematik konzentriert, die Religion und Moral haben auseinandertreten lassen. Gleichwohl wird genau dies nicht Suspendierung der Religion be-

---

18 Nicht nur in die von Monica Toft, sondern vor allem in solche, die politiktheoretischen Überlegungen folgen und die sich mit der Frage der Demokratie und ihren Problemen befassen (vgl. Elisabeth Gräb-Schmidt, F. Menga [Hrsg.], Grenzgänge der Gemeinschaft, Tübingen 2016).

19 Nicht immer wird dies begrüßt. In den Überlegungen zu den sakralen Beziehungen des modernen säkularen Verfassungsstaats bestritt der Verfassungsrechtler Horst Dreier vehement solches Denken. Mit einer systematischen und grundsätzlichen Frage „Steckt im vermeintlich säkularen, modernen Staat vielleicht unweigerlich und unausweichlich ein religiöser Kern, eine sakrale Substanz? Wurzelt das Säkulare letztlich unvermeidlich im Sakralen?" setzte er in seiner Studie ein, um die Frage der säkularen Ordnung des modernen Verfassungsstaates und seiner möglichen Beziehungen zum Sakralen genauer unter die Lupe zu nehmen, dessen eingedenk, dass mit der Säkularisierung eine Vielfalt der Bezüge von Religion und Kirche angesprochen sind (vgl. Horst Dreier, Säkularisierung und Sakralität, Tübingen 2013, 11). Bereits das ist ein Hinweis, dass von Säkularisierung nicht einfach unabhängig von Religion gesprochen werden kann, sondern dass das Phänomen in seinen Verhältnisbestimmungen zum Sakralen in den Blick genommen werden kann.

deuten können. Theologie und Kirche können sich diesen Verschiebungen nicht entziehen. Sie haben vielmehr Teil an den allgemeinen in der Moderne auftretenden Selbstrechtfertigungsforderungen, die die mentalitätsgeschichtliche Bedeutung der Befreiung des emanzipierten Subjekts und der Gesellschaft von allen traditionalen und doktrinalen Vorgaben betrifft. Aber Theologie hat die Aufgabe, darauf hinzuweisen: Säkularisierung behält einen blinden Fleck, wenn sie die in jenen Verschiebungen weiterhin waltende Transzendenz nicht wahrnimmt. Dieser blinde Fleck birgt die Gefahr, dass er sich immer wieder „meldet", nicht zuletzt in Formen der Gewalt, schlimmstenfalls in religiös fundamentalistischer oder terroristischer Form.[20] Hingegen bedeutet ein Erkennen dieser in transzendenten Bezügen stehenden Orte oder Nichtorte des Religiösen, zu einem gebildeten Umgang mit solchen Phänomenen der Gewalt, zur Ermöglichung von Freiheit und gestaltender Macht und d. h. zu Moralität beizutragen. Denn nur ein solcher gebildeter Umgang mit Gewalt kann zur Wiedergewinnung einer selbstbestimmten Freiheit in der Moderne führen.

Im Rahmen dieser verdeckten Transzendenzbezüge in der Moderne treffen wir auf dem Gebiet der Moral auch auf den Begriff des Wertes. Ist der Begriff des Wertes aber in der Lage, diesen Ort der für einen gebildeten Umgang mit Freiheit und Macht geforderten Transzendenzbeziehung von Moral einzunehmen? Dabei geschieht der Rekurs auf dem Begriff des Wertes nicht zufällig und beliebig, vielmehr manifestieren sich in diesem die Verschiebungen, die für Moral in der Moderne kennzeichnend sind und die die schroffe Alternative

---

[20] Bemerkenswert ist, dass diese gerade in laizistischen Ländern wie Frankreich begegnet.

zwischen Moral und Religion als unterkomplex aufweisen. Wir müssen uns daher zunächst über Rolle und Funktion der Werte in der Moderne verständigen.

2. Kompensations- und Substitutionserscheinungen der Vernachlässigung der Religion – Zur Rolle und Funktion von Werten in der säkularen Moderne

Im Ruf nach Werten wird meines Erachtens das Panorama aufgespannt, das die Defizite der Wahrnehmung jener einseitigen Bestimmung der Säkularisierung beleuchtet. Der Begriff „Wert" wurde in den vierziger Jahren des 19. Jahrhunderts aus der Nationalökonomie übernommen und durch Rudolf Hermann Lotze zu einem philosophischen Grundbegriff gemacht. Er gehört also eigentlich in die Ökonomie.[21] Aber bereits Heidegger hat gesehen, dass „der Wert und das Werthafte [...] zum positivistischen Ersatz für das Metaphysische"[22] werden. Werte treten auf als Kompensation einer von ihren transzendenten Bezügen gereinigten autonomen Vernunft. Sie treten an die Stelle der Idee des Guten, des Seins, wobei die Werte nun eben das sind, was im Unterschied zu den Fakten der Naturwissenschaften nicht Fakten, sondern Geltung bezeichnete.[23] Werte als Forderung treten daher auch

---

[21] Vgl. bereits meine Ausführungen in: Wessen Werte zählen in einer pluralistischen demokratischen Gesellschaft?, in: A. Katharina Weilert, Philipp W. Hildmann (Hrsg.), Ethische Politikberatung, Baden-Baden 2012, 135–150.

[22] Martin Heidegger, Nietzsches Wort „Gott ist tot", in: Ders: Holzwege, Gesamtausgabe Bd. 5, Frankfurt am Main 1977, 227.

[23] Vgl. auch Jürgen Habermas, Faktizität und Geltung, Frankfurt am Main 1992.

nicht von ungefähr in Erscheinung, sondern sie tragen dem Auseinanderfallen vom Guten und Rechten in der Moderne Rechnung, das im Grunde dem von Religion und Moral korrespondiert.[24] Indem aber dieser Ersatz für die Idee des Guten aus dem Bereich der Ökonomie kam, war eine mögliche Konsequenz die, dass die Idee des Guten nun ihrerseits in ökonomische Kategorien der Effizienz umgemünzt werden konnte. Bis heute erleben wir, wie schleichend das Gute zum Wirkungsvollen, zum Effizienten gerinnt. Sind Werte daher unbrauchbar für eine moralische Leitorientierung?

Ich möchte im Folgenden einen Vorschlag zur Rehabilitierung der Werte unterbreiten, weil eine Konkretion der Ethik in der Moderne auf die Hinzuziehung von Werten angewiesen ist. Insofern ist die Diskussion der Werte auch für die moralische Aufgabe von Theologie und Kirche von Bedeutung. Zunächst gilt es, die nachgezeichnete doppelte Ersatzfunktion des Wertbegriffs mit im Auge zu behalten, die zum einen in der metaphysischen Ersatzfunktion für das Gute, Wahre und Schöne besteht und zum anderen in der damit einhergehenden Umpolung der Geltungsbezüge auf Effizienz. Gegenüber Kant jedenfalls bedeutet diese Modifikation einen massiven Epochenbruch. Kants Handlungsgebot – wie es im Kategorischen Imperativ zum Ausdruck kommt – war nicht an Werte gebunden, sondern an eine der menschlichen Erkenntnis entzogene Geltungsautorität, dem Sittengesetz, dem sich der Mensch aus Achtung und Freiheit beugt.[25] Können Werte in diese großen Fußstapfen treten? Ja und Nein. Ja,

---

[24] Vgl. hierzu Johannes Fischer, Ethik als rationale Begründung der Moral, in: ZEE 55 (2011), 192–224.

[25] Vgl. Immanuel Kant, Grundlegung zur Metaphysik der Sitten, hrsg. von K. Vorländer, Hamburg 1965, 58.

wenn durch sie nicht selbst die Wahrheit verstellt wird, nein, wenn sie ihren Ursprung in der Ökonomie auch zur Zielvision der Effizienz stilisieren. Distanzieren sie sich aber von ihren ökonomischen Anleihen, dann können sie eine moralische Richtschnur bieten. Das setzt aber die Reflexion des Stellenwerts von Werten voraus. Er muss mit den Erfordernissen der Moral, Geltung im Blick auf das Gute und Wahre beanspruchen zu können, in Verbindung gebracht werden. Gelingt das, dann werden auch Werte ihre Bedeutung für Moral nicht verlieren. Dies setzt aber voraus: Die Werte müssen sich selbst kritisch hinterfragen auf die Form ihrer Genese. Für diese gilt: Werte werden gesetzt. Das muss kritisch beleuchtet werden vor dem Hintergrund des Charakters menschlicher Freiheit, die den Setzungscharakter fraglich macht. In aller Freiheit als Selbstsetzung, vor deren Hintergrund Werte sich verstehen, muss auch deren vorauslaufende Unverfügbarkeit und Kontingenz selbst im Auge behalten werden. Diese drücken sich gerade durch eine Entzogenheit der Möglichkeit einer „Setzung" aus. Christlich gesprochen sind Wahrheit und Freiheit nicht selbst gesetzt, sondern Frucht des Glaubens, d. h. sie sind unserer Selbsttätigkeit entzogen. Wahrheit und Freiheit sind daher auch nicht durch Wertsetzungen zu erlangen, weil sie eben überhaupt nicht durch Setzungen gewährleistet werden können. Der Gegensatz von christlich verstandener Wahrheit und säkularen Werten beruht insofern auf dem Setzungs- und Bemessungscharakter, der mit den von Ideen sich absetzenden Werten verbunden ist, der die Blickrichtung auf das Gute und Wahre verstellt.[26] Das erfordert eine kritische Infragestellung nicht

---

[26] Vgl. Eberhard Jüngel, Wertlose Wahrheit. Zur Identität und Relevanz des christlichen Glaubens (1990, 2. Aufl., Tübingen 2003), 105: „Nicht Werte lei-

des Materialgehalts, aber des Setzungscharakters der Werte. Eine Moral selbstgesetzter Werte arbeitet nicht auf dem Boden von Wahrheit und Freiheit – und genau das ist eigentlich der Anspruch der Moral. Diesem Anspruch kann Moral jedenfalls nicht durch Orientierung an solchen Werten gerecht werden, die einen Ersatz für Wahrheit und Freiheit bieten wollen, der aus dem genannten Transzendenzverlust resultiert.[27] Sollen die Werte Orientierung leisten, dann müssen sie sich auf ihren Setzungscharakter hinterfragen lassen und dürfen die mögliche prinzipielle Orientierung des Menschen an Wahrheit und Freiheit nicht verdecken, sondern sie müssen sie offenhalten.

Werte verstellen die Möglichkeit der Moralität in der Moderne, wenn sie Freiheit nur als Autonomie und nicht auch die der Freiheit zugrundeliegende Kontingenz, ihre Unverfügbarkeit erkennen und anerkennen. Werte könnten gleichwohl dadurch Geltung beanspruchen, dass sie sich hinsichtlich ihres Setzungscharakters selbst relativieren hin auf die Eröffnung von Freiheit. Faktizität von Setzung und Entzogenheit des Wahren müssen dann in eins betrachtet werden. Wenn Werte sich in der so als Eröffnung verstandenen Freiheit konzentrieren, partizipieren sie selbst am Charakter dieser Freiheit, an deren doppelter ambivalenter Bestimmung frei und gleichzeitig gebunden an ihren transzendenten Ermöglichungsgrund zu sein. In solcher Eröffnung können die Werte selbst eine inhaltliche Bestimmung erfahren durch

---

ten das Handeln des Christen, sondern allein die aus der Wahrheit kommende Liebe, die ebenso wenig wie Wahrheit einen Wert hat oder darstellt."

[27] Christliche Ethik tritt nämlich nicht in erster Linie als Normenethik auf, sie versteht sich nicht als Forderung, sondern als Gabe, die Liebe hervorruft und so den Blick vom Ich zum Du wendet. Vgl. a. a. O., 106 f.

jenes Gut, das der Idee des Guten entspricht, das christlich verstanden eben jene Freiheit Gottes ist, jene Wahrheit, die frei macht, weil sie aus der Transzendenz kommt. Eine solche Öffnung verleiht Werten Orientierung. Solche Werte, die in dieser Öffnung Repräsentanten der Idee des Guten sind, sind es auch, die als Grundwerte dann im Sinne von Normen angesehen werden dürfen, allen voran die Menschenwürde, Frieden und Gerechtigkeit, aber auch Offenheit für Andere, für das Neue und Außerordentliche. Vor allem aber können solche Werte offen sein für die Anerkennung von Schuld, die es allein ermöglicht, Differenzen anzunehmen und Toleranz zu üben. Mit der Schuldthematik wird deutlich, dass Werte selbst nur dann ihre Motivations- und Orientierungsfunktion einnehmen können, wenn sie gegründet und rückbezogen sind auf eine religiös-weltanschauliche Gewissheitsschicht. Sie, nicht eine vermeintliche Setzung, kann ihnen Geltung verleihen. So hat auch der Sozialphilosoph Hans Joas eingeschärft, dass Werte uns ergreifen müssen, bzw. dass sie nur Geltung beanspruchen können, wenn sie aus einer Ergriffenheit resultieren, die uns bindet und die dadurch unser Handeln leiten kann.

Hiermit wird die Rolle von Theologie und Kirche für Aufgabe und Funktion von Moralität deutlich. Theologie und Kirche können deutlich machen: Religion steht für die individuelle unvertretbare Bildung einer Gewissheitsschicht, in der alle Verbindlichkeit und Geltung von Orientierungskategorien wurzeln. Eine solche Schicht ist es, die etwa bei Schleiermacher mit dem „Gefühl der schlechthinnigen Abhängigkeit", bei Luther als „Herz" und bei Tillich als das, was uns unbedingt angeht, angesprochen ist. Nur wenn die Werte aus solcher Gewissheit religiöser oder weltanschaulicher Überzeugungen aufsteigen – d. h. wenn sie an das transzendent gegründete Gute gebunden und von ihm angezogen sind –, haftet an ihnen die Verbindlichkeit, die erforderlich ist, um die Hoffnung, die in sie gesetzt wird, nämlich für Moralität zu stehen, nicht Lügen zu strafen. Eine Orientierung an Werten ist daher nur dann moralisch legitim, wenn mit ihnen keine Verabsolutierung ihrer Geltungsansprüche verbunden wird. Dass solche dann aber, obwohl individuell gegründet, dennoch nicht nur subjektiv sind, sondern durchaus objektiven Geltungsanspruch erheben können, dafür steht in der Moderne jenes Verständnis von Werten, das ihren Entstehungsgrund in der Ökonomie nicht mit ihrem Geltungsgrund verwechselt. Dies gelingt, indem sie diesen zurückbindet an die Transzendenz, in der Freiheit und Emanzipation, die uns mit der Aufklärung verheißen wurde, ihren Ursprung und ihren Geltungsgrund finden.

Die erste Aufgabe von Theologie und Kirche ist es mithin, diesen Sachverhalt religiöser Grundierung und Fundierung der Moral aufzudecken und ihn zur Bildung der Person in Anschlag zu bringen. Zuvorderst gilt es, die Bildung von Moralität durch ihren religiösen Inhalt verständlich zu machen. Christlich ist dies nichts anderes als die Freiheit selbst, eine Freiheit jedoch, die sich im Individuellen zeigt. Diesem ist das Allgemeine entzogen, jedoch ohne dass ein Geltungsanspruch aufgegeben werden muss. Im Gegenteil, er kann gerade nur so festgehalten werden. Soll solche perspektivische Vernunft leitorientierende Kraft entfalten, sich auch kritisch von Konventionen absetzen können, dann darf sie ihre individuelle Gewissheitsschicht nicht vergessen. Mit anderen Worten: Sie muss sich auf ihre religiöse Grundlage hin betrachten lassen. In ihr wurzeln gewissheitsstiftende Bezüge, aber vor allem behält sie die Fallibilität und Sündhaftigkeit des Handelns im Blick.

Werden Werte in diesem Zusammenhang reflektiert, dann sind sie nicht mehr nur Ersatzfiguren, sondern angemessene Manifestation wahrheitsfähiger Gewissheiten. Was sie von den Ideen im Sinne metaphysischer Wahrheiten dennoch unterscheidet und was ihre Modernität ausweist, ist dann die im Individuellen gründende Perspektivität und Relativität, aus der die Pluralität erwachsen kann. Sie erfolgt eben und muss erfolgen aus ihrem je individuellen Begegnungshorizont. Mit diesem Bezug auf das Individuelle können Werte dann geradezu als nachmetaphysische Formation endlich bestimmter Wahrheit als Gewissheit und endlicher Freiheit als relationaler und sündenbestimmter Selbstbeschränkung gesehen werden. Sollen Theologie und Kirche in diesem Sinne der Qualifizierung von Werten Agenten der Moral sein, dann kommt es darauf an, diese verschränkte Bestimmung von Wahrheit und Freiheit als Resultat persönlicher Glaubensgewissheit zum Ausdruck zu bringen und mit seiner Wirkmächtigkeit zu rechnen. Beide, Theologie und Kirche, können sich dabei auch auf Aufklärung berufen, die verstanden wird als Erzieherin zur Freiheit und Mündigkeit, zur Verantwortung und Aufgabe der Arbeit an Menschen.[28] Diese Aufgabe weist hinüber auf eine spezifische Konstellation des Verhältnisses von Privatem und Öffentlichem, wie es in Anlehnung an Kants Bestimmung der Publizität im Folgenden betrachtet wird. Dieser Bezug macht zugleich deutlich, dass eine Affinität von christlicher Lehre und säkularer Kultur besteht.

---

[28] So Friedrich Wilhelm Graf in seiner Abschiedsvorlesung, vgl. LMU Homepage (http://www.st.evtheol.uni-muenchen.de/aktuelles/abvl/abschieds-vorlesung—fwg.pdf; Zugriff 15.10.2015); dazu vgl. auch Jürgen Klaube, Von der vernünftigen Entzauberung der Welt, in: FAZ Nr. 25 vom 30.01.2014, 27.

3. Die Abschiebung der Religion in das Private in der säkularen Moderne – Verlust ihrer Öffentlichkeitsfunktion? Oder: Zur konstitutiven Funktion des Privaten für das Öffentliche

In der Entstehung des modernen Staates auf dem Boden der Säkularisierung wird die Kirche sozusagen für die ihr eigene Aufgabe freigestellt, die sie nun allerdings unter veränderten Machtbedingungen ausüben muss. Zu diesen Verschiebungen gehören die Veränderungen des Stellenwerts von Religion im öffentlichen Raum, die die Religion in das Private versetzen und damit das Schwinden ihrer öffentlichen Relevanz vorbereitet haben. Das muss mitberücksichtigt werden, wenn im Zuge der Säkularisierung von Religion als Privatsache – meist mit kritischem Unterton – auf der einen und der Herausbildung einer öffentlichen Theologie in der Gegenwart auf der anderen Seite die Rede ist. Beide, Kritik des Privaten und Forderung des Öffentlichen, haben ein bestimmtes Anliegen, und sie haben es zu Recht, sollten aber die modernen Verhältnisbestimmungen von privat und öffentlich gleichwohl im Blick behalten.

Der öffentliche Raum und der private unterscheiden sich in der Moderne grundlegend in ihrer Bedeutung von den Bestimmungen der Antike. Während in der Antike das Haus (*oikos*) das Private bezeichnet, das der Rekreation dient und vom Öffentlichen geschieden ist, das den politischen Raum der Freien kennzeichnet, gewinnt diese Verhältnisbestimmung in der Moderne eine signifikante Modifikation. Diese speist sich aus zwei Verschiebungen, die sich in der Moderne ergeben haben: erstens die Herausbildung der *Subjektivität* als emanzipierte und aufgeklärte Reflexionssubjektivität, zweitens die Herausbildung der *Gesellschaft* als dem „Zwischen-Raum" zwischen dem Politischen bzw. Öffentlichen auf der einen und dem Privaten auf der anderen Seite. Die Herausbildung dieses Bereichs des Gesellschaftlichen hängt zusammen mit jener Herausbildung der Subjektivität und ist in dieser begründet. Denn die Subjektivität findet ihren Ort des Räsonierens in diesem Zwischenbereich, der eine solche vernunftgemäße Diskussionskultur der Freien zulässt. Öffentliche Einrichtungen wie die Institutionen der Kirche und Wissenschaft sind vonnöten, um in den angemessenen Grenzen einen Schutzraum des – in Kants Diktion – Räsonierens zu gewährleisten. „Eine Verfassung [...] muss daher [...] die Öffentlichkeit als das Grundprinzip alles rechtlichen und politischen Handelns garantieren."[29] Der Bereich des Öffentlichen ist an das Allgemeine des öffentlichen Vernunftgebrauchs gebunden. Als solcher ist das Öffentliche institutioneller Garant für die Aufrechterhaltung der Ordnung, gerade auch der Ordnung der Freiheit, in der sich das Private *als* Privates äußern darf.[30]

---

[29] Vgl. Volker Gerhardt, Öffentlichkeit, Die politische Form des Bewusstseins, München 2012, 159.

[30] Begründet ist diese Verschiebung des öffentlichen und privaten in der Herausbildung der Subjektivität, die ihre emanzipative Kraft aus der unvertretbaren Mündigkeit ihres Denkens und der Orientierung an ihren Gewissheiten gewinnt. Gesellschaft ist die Verlängerung dieser vielen Individuen, die sich zwecks Bestätigung dieser ihrer Möglichkeit in einem Allgemeinen finden. Das Individuelle aber hebt das Allgemeine nicht auf, sondern es ist als Raum der Urteilsbildung, d. h. der Vermittlung des Allgemeinen und Individuellen zu verstehen. Es geht um die Verhältnisbestimmung von öffentlichen Regelungen zum Schutz von privater Individualität. Im Schutzraum des Privaten geht es dabei um die Subjektivität jenseits des Allgemeinen. Es ist das Individuelle, das sich so hervortut und das die Kriteriologie für das Denken gewinnt, jenseits eines Allgemeinen,

Im Vergleich zur Antike kehren sich jetzt die Bereiche des
Privaten und Öffentlichen in gewisser Weise um. Das Öffentliche übernimmt die Ordnungs- und Schutzfunktion in seinen verschiedenen Institutionen des Rechts, des Zusammen-
lebens, der Bildung, während das Private Raum des freien Räsonierens wird. Abzulesen ist dies – wie es Habermas in der
Untersuchung von Immanuel Kants Prinzip der Publizität
entfaltet hat[31] – an der herausgehobenen Bedeutung des Privaten gerade für die Konstitution der Freiheit. „Öffentlichkeit
setzt autonome Individuen voraus."[32] So könnte man das Private, im Sinne „selbst zu sagen, worin das eigene Glück besteht", geradezu als „transzendentale Bedingung einer Öffentlichkeit"[33] begreifen. Öffentlichkeit und Privatheit sind
also nicht parallel, sondern in funktionaler asymmetrischer
Zuordnung zueinander zu sehen. Diese institutionelle Zuordnung von Individuellem und Allgemeinem schafft den
Freiraum für die emanzipierte Reflexionssubjektivität, den
sie benötigt, um nicht nur sich zu orientieren, sondern auch

---

das für die Moderne ohnehin nicht mehr in Reichweite der Begründung
liegen kann, da es nicht mehr unhinterfragt einer metaphysischen Ordnung kosmologischer oder schöpfungstheologischer Provenienz angenommen werden kann. Die metaphysikkritische Wende zeigt sich hier im
Verhältnis von Individuellem und Allgemeinem als Stabilisierung des
emanzipativen Subjektes zwecks Gewinnung einer Leitorientierung jenseits metaphysischer und ontologischer Positionen. Die kriteriologische
Stellung des Subjekts erlaubt es dabei, zur Herausbildung eines individuellen Allgemeinen zu führen, das die metaphysische Lücke zwischen Empirie und Geltung füllen und in der Heuristik des Allgemeinen Empirie und
Geltung gleichermaßen berücksichtigen kann.

31 Jürgen Habermas, Strukturwandel der Öffentlichkeit, Frankfurt am Main
1990 (Neuauflage).
32 Volker Gerhardt, Öffentlichkeit, a. a. O., 168.
33 Ebd., 171.

Orientierung für andere künftig zu gewährleisten, indem bei Kant sich „ein Ich nur in seiner Zugehörigkeit zum Wir begreift."[34] Öffentlichkeit und ihre Institutionen dienen mithin in der Moderne der Sicherung der Privatheit, d. h. Öffentlichkeit ist selbst als orientiert an Freiheit zu verstehen, die sich durch die Unterscheidung von öffentlich und privat zivilisiert. Das beschreibt deren qualifizierte Verhältnisbestimmung in der Moderne, die hier in Anschlag gebracht wird, um die gesellschaftliche und dann auch politische Relevanz des Privaten zu erhellen, die zuvorderst in der Herausbildung einer moralfähigen Persönlichkeit liegt. Der Schutzraum des Privaten dient dieser Individualität, die sich der Verständigung der Welt- und Selbstverständigungsprozesse hingeben kann, während die Institutionen an der rechtlichen und politischen Gewährung dieses Schutzraums orientiert sein müssen. Für die Politik ist dies die Voraussetzung, um nicht selbst zu degenerieren und zum geistigen Stillstand bloßer Erhaltung des Bestehenden beizutragen.

Nicht nur Freiheit in ihrer Selbstbestimmung muss daher geschützt werden, sondern auch der Raum, in und an dem sich Kontingenzerfahrungen der Freiheit und der Erfahrungen ihrer Verletzlichkeit bilden können. Denn in ihnen wurzelt die Selbstvergewisserung des Denkens an der Wirklichkeit. In diesen unverfügbar kontingenten, sich durch das Nadelöhr der Subjektivität einstellenden Prozessen der Gewissheitsbildung über überindividuelle Zusammenhänge liegt die Schwierigkeit, aber auch die Chance neuzeitlicher Vergewisserung in der Moderne. Es ist diese punktuelle Verschränkung von vertikaler und horizontaler Dimension in der Gewissheit des Subjekts, die unverzichtbar ist für die mo-

---

[34] Ebd., 168.

ralische Urteilsfähigkeit. In dieser Zuordnung bilden sich Überzeugungsqualitäten und haben sich gebildet, die die rationale Erfassungs- und Produktionsleistung des Subjekts prinzipiell übersteigen. Für diese reicht es nicht aus, das Individuelle, verstanden als numerisches Einzelnes, zu erinnern, sondern das Individuelle, das sich selbst versteht als unvertretbares Exemplar der Gattung, der Menschheit in kantischem Sinne. Diese Zuordnung macht darauf aufmerksam, dass nicht nur Freiheit, sondern gerade auch die Kontingenz des Unverfügbaren, Überraschenden, Neuen und Fremden Konstituenten der modernen Subjektivität in ihrer emanzipativen Kraft sind. Nur diese Dimension des Unverfügbaren erlaubt die Herausbildung frei gewonnener Überzeugungen, die das Subjekt emanzipieren und es gefeit halten gegenüber Anpassungen an Moden und Konventionen. Allein diesen Zusammenhang bewusst zu halten, ist bereits eine moralische Forderung und diese ist Kirche und Theologie in ihrer Funktion als Moralagentur zuvorderst anheimzustellen.

Unter Berücksichtigung dieser Verschiebung muss zugleich eine Anfrage gestellt werden an die gängige Zurückweisung der Verbannung der Religion ins Private. Zurückgewiesen werden muss zwar die Vorstellung von Religion als Privatsache, wenn damit eine Irrelevanz der Religion in gesellschaftlichen Debatten behauptet wird. Die Einschätzung, dass Religion Privatsache sei, hat allerdings ihr Recht an der Bestimmung von Religion als Begegnungsraum kontingenter Erfahrung zwecks individueller Gewissheitsbildung. Diese erfordert den Zwischenbereich des Gesellschaftlichen zwischen dem Raum des Privaten ebenso wie des Öffentlichen. Er ermöglicht in deren Unterscheidung und Zuordnung die Reflexionssubjektivität in der Moderne als zugleich gebunden und frei zu entwerfen.

Die in Spannung gehaltene Zuordnung von öffentlich und privat ist insofern eine bleibend moderne, als sie in dieser Zuordnung eben nicht nur das Individuelle auf der einen und das Allgemeine auf der anderen, sondern zugleich das dem Allgemeinen und Individuellen Entzogene repräsentiert, das unverfügbar Kontingente des je in Begegnung zu erfahrenden Ergriffenseins. Diese Kontingenzdimension der Freiheit wird über der Betonung der Freiheit als Autonomie oft übersehen. Dass diese dann zum Raum des Gemeinsamen (gr. *koinon*) in griechischem Sinn, des Zugleich von Gemeinsamen und Öffentlichen, wird (vgl. Gerhardt), wird durch ein Verständnis der Öffentlichkeit, das sich auf die individuelle Freiheit und Mitteilung der Einzelnen verwiesen weiß, sichergestellt. In dieser Zuordnung kann sich das Verhältnis von Religion als Innerlichkeitsdimension und Moral als deren öffentlichem Gestaltwerden ausdrücken. Die Zusammengehörigkeit des Bereichs des Privaten und Öffentlichen ist ein Ausweis moderner freiheitlicher Gesellschaft, indem sie dadurch ihre kritische Moralität darstellen kann. Damit ist aber zugleich die nur begrenzte Kraft und Funktion der Öffentlichkeit in der Moderne offensichtlich. Sie selbst braucht als ein kritisches Gegenüber den Raum des Privaten, durch den sie erneuert und inspiriert werden kann. Denn in diesem Raum bilden sich solche tiefen Überzeugungen, die in der Moderne der einzige Rückhalt der Moralität sind.

Daher stellt sich nun die Frage, wie solcher Raum zu erhalten und solche Überzeugungen in der Moderne zu gewinnen sind. Die Frage verschärft sich angesichts der Dominanz der Ökonomie, die – weit davon entfernt dem antiken *oikos* als dem Privaten zu entsprechen – selbst in die Öffentlichkeit vorgedrungen ist und diese bestimmt. Unter der Dominanz des Ökonomischen sucht man daher nicht nur den Raum des

Privaten vergebens, sondern auch jene *Politeia* als Raum der Freien, in dem die Individuen sich heranbilden zu mündigen und vernünftigen Wesen, die ihre Geschicke und die der Gesellschaft lenken und sich frei über diese verständigen können. Ein solcher Raum der Freiheit ist, das hat Hannah Arendt bereits gebrandmarkt, aus einer modernen Demokratie entschwunden, die sich ihrer Ausdifferenzierung, die die Leistungsfähigkeit der Gesellschaft steigern sollte, verschrieben hat. Damit ist nicht die Ausdifferenzierung als solche zu kritisieren, wohl aber die Ermächtigung des Ökonomischen zu einer allbeherrschenden Dominanz der Gesellschaft. Mit seinen Prinzipien des Egoismus und Konkurrenzdenkens steht das Ökonomische nicht nur quer zu den Prinzipien der Nächstenliebe und einer Kritik des Leistungsdenkens bzw. der Beurteilung des Menschen allein aufgrund seiner Fähigkeiten und Eigenschaften, sondern bereits zur Selbstverständigung der Subjekte hinsichtlich ihrer Identität. Denn ein Ich, das sich zurechtfinden und steuernd Verantwortung übernehmen möchte, wird in der ökonomisch dominierten, modernen ausdifferenzierten Gesellschaft problematisch. Foucaults Horrorszenarien der bürokratischen und ökonomischen Stilisierungen des Selbst ebenso wie Luhmanns beklemmende Auflösungsdiagnose der Individuen ins funktionale System übertreffen jene bereits von Max Weber herausgestellten Schwierigkeiten für die Ethik durch die Beschwörung „stahlharter Gehäuse" und der mit den kapitalistischen Prinzipien einhergehenden Umcodierungen der Werte. Weder das überwachende Panoptikum Foucaults noch die Autopoiesis der gesellschaftlichen Systeme bei Luhmann lassen Individuen zu, die verantwortlich steuern könnten. Denn durch jene Domestizierung in die bürokratische Anonymität und durch jenes sich Verflüssigen in die Funktionen verliert die Selbstbestimmung ihren Orientierungsgrund und damit ihre ureigene Möglichkeit der Identitätsfindung. Ökonomie und Politik dokumentieren solche Gefahren bereits im Ansatz. Die Ökonomie lässt – ist sie dominant geworden – keine Selbstbestimmung jenseits konkurrierender Konsumenten mehr zu, und die Politik regrediert unter solcher Ägide zur funktionsgebundenen Repräsentation, in der sich die Einzelnen nicht wiederfinden, sich weder heimisch noch angesprochen fühlen, was doch Voraussetzung des selbstbestimmten Subjekts ebenso wie der politischen Repräsentation wäre. Diese Individuen drohen zu Marionetten der Wirtschaft zu werden. Das bildet meines Erachtens – nebenbei bemerkt – mutatis mutandis ebenso für die Kirche eine Gefahr, wenn sie sich als „Marke" zu definieren anschickt.

Was bedeutet diese Ausgangslage für die Frage, ob Kirche und Theologie zur Moralität des Einzelnen in der Gesellschaft etwas beitragen können? Voraussetzung ist jedenfalls, dass Theologie und Kirche sich der Erhaltung der Unterscheidung und Pflege der beiden Bereiche des Öffentlichen und Privaten innerhalb der Gesellschaft widmen, d. h. auch durch die Ausdifferenzierung der Bereiche hindurch. Nur so gewinnen sie die Voraussetzung, selbst zu moralischen Akteuren zu werden, die das kritische Gegenüber beider Bereiche braucht.

4. Die Bedeutung von Theologie und Kirche für die Moral in der Moderne – Erinnerung des reformatorischen Erbes

Kirche ist keine Moralagentur, aber sie hat dafür Sorge zu tragen, dass die Moralität des Menschen nicht verschwindet, und dass sie in das ihr zukommende Verhältnis zur Bestimmung des Menschen gesetzt wird, mit anderen Worten: dass sie über sich selbst aufgeklärt wird. Damit betreten wir die unverzichtbare Ebene der Bildung in einem weiten Sinn, auf der die Persönlichkeitsbildung angesprochen ist, deren Aufbau in Gottesdienst und den bildenden Institutionen des Gemeinschaftslebens ihren Ort hat. Diese Bildung zielt auf die Innerlichkeit der Person. Diese soll aber schließlich nicht nur bei sich bleiben, sondern nach außen ausstrahlen in Übernahme von Verantwortung für die Gesellschaft. Das beinhaltet die Hochschätzung der Freiheit des Menschen, aber auch die Erkenntnis ihrer Gefahren. Die christliche Religion hat seit ihren Anfängen Bildungskonzeptionen des Umgangs mit der Freiheit in ihrer Ambivalenz entwickelt. Ihnen ist auch eine bestimmte Theorie der Zuordnung von Politik und Religion gewidmet, die weltliches und geistliches Regiment unterscheidet und aufeinander bezieht, am elaboriertesten und stringentesten in Luthers Zwei-Reiche-Lehre. Diese Lehre zu entfalten ist hier nicht mehr der Ort, wohl aber daran zu erinnern. In jener Konstellation der Zwei-Reiche-Lehre ist nämlich genau jener Raum angesprochen, der hier für das Private gefordert wurde zwecks Bildung der Person in ihrer Freiheit und Würde. Das geistliche Regiment vertritt diesen Raum. Der Religion, insbesondere christlicher Theologie und Kirche, kann hier eine besondere Funktion zukommen. Damit nimmt die Zwei-Reiche-Lehre eine moderne Bestimmung des Verhältnisses von öffentlich und privat *avant la lettre* vor.

Kants Unterscheidung vom öffentlichen Vernunftgebrauch und des Räsonierens im Privaten konnte hier hinzugezogen werden, um deutlich zu machen, dass die Genese von Einsichten durch die Freiheit des Individuellen in seinen Spielräumen erhalten bleiben muss. Dafür braucht es den

Raum des Privaten. Dass diese Einsichten aber gleichwohl um deren Wirksamkeit und Anerkennung willen in die Regeln des öffentlichen Vernunftgebrauchs hinein vermittelt werden müssen, ist ebenso deutlich. Dieses aber geschieht durch die Wertebestimmung, die aus solchen Einsichten sich speist. Es kommt also auf eine qualifiziert einander zuarbeitende Zuordnung der Sphären an. Dies wird durch die Scharnierstellung der Innerlichkeit geleistet. In der Gründung des Verbindlichen im individuellen Gewissen wird diese Scharnierstellung der Verhältnisbestimmung von öffentlich und privat zu den Werten deutlich. So werden jetzt in der öffentlichen Rede von Werten diese nicht abstrakt postuliert. Sie werden rückgebunden an den ihnen im Privaten zukommenden Raum der Geltungsgenerierung. In ihm kann das Ergriffensein, das für die Genese und Wirksamkeit der Werte gilt, erfolgen. Dieser Raum des Privaten ist insofern unverzichtbar für die Genese von Moralität und solcher ihr folgenden Werte.

Erst durch unser Ergriffensein von der Wahrheit des Guten können sich also jene konkreten Werte bilden, die in der Lage sind moralische Orientierung zu entfalten. In solchem Ergriffensein zeigt sich ein Einbruch der Transzendenz, die den Menschen zur Innerlichkeit führt. Solches Ergriffensein ist deswegen immer eine Befreiungserfahrung. Sie befreit auch von Zwängen, die uns am Handeln hindern, sei es aus Trägheit des Herzens, sei es aus Faulheit und Hilflosigkeit, aber auch aus Neid und Habgier. Diese Konstellation, eine befreit zu werdende Freiheit, kennzeichnet den *hominem iustificari esse*, den gerechtfertigten Menschen, der – weit entfernt davon Moralität sein Eigen nennen zu können – auf seine Angewiesenheit auf jene Freiheit verweist, die ihm die Schlüsselkompetenzen zur Moralität zueignet: befreit zu sein zur Freiheit der Geschöpfe Gottes. Solche Gewissheit der Befreiung ist die Antwort auf Luthers Frage nach dem gnädigen Gott. Dabei geht es nicht um eine altertümliche Beruhigung skrupulöser Selbstbeschuldigungen. Es geht um nichts anderes als um die Rehabilitierung der Autonomie des Menschen, wie sie sich auch die aufgeklärte Säkularisierung auf die Fahne geschrieben hat, allerdings unter Absehung ihres möglichen Missverständnisses einer selbstentfremdeten Autonomie.

Autonomie und Selbstbestimmung folgen christlich verstanden vielmehr jener Attraktion, die auf das Gute verweist, das allein solche Attraktion der Freiheit und Selbstbestimmung ermöglichen kann. Als solche wird sie in die Prägung von Werten münden. In christlicher Sicht entspricht diese Attraktion daher nicht einfach direkt bestimmten Werten, sondern zunächst der Freiheit eines offenen Raums, der Freiheit durch Liebe ermöglicht, wie es Luther in seiner Freiheitsschrift formuliert hat: „Ein Christenmensch ist ein freier Herr über alle Dinge und niemand untertan. Ein Christenmensch ist ein dienstbarer Knecht aller Dinge und jedermann untertan."[35] Aus diesem Raum gewinnen wir die Orientierung der Wertmaßstäbe konkreten Handelns. Damit wird deutlich, dass nicht abstrakte Werte zu Moralität für den Einzelnen und die Gesellschaft führen, sondern dass diesen Werten konkret eine unendliche Attraktion des höchsten Gutes vorausgeht, in das alle konkreten Güter eingelassen sind, die uns das Leben wert machen, seine Belastungen annehmen und seine schönen Momente genießen lassen. Konsequenzen im Hinblick auf die Moral lassen sich dann handfest ablesen

---

[35] Martin Luther, Von der Freiheit eines Christenmenschen (1520), in: Ders., Luther deutsch. Die Werke Martin Luthers in neuer Auswahl für die Gegenwart, Bd. 2: Der Reformator, hrsg. v. Kurt Aland, 2., durchges. Aufl., Göttingen 1981, 251 – 274, hier 251 (WA 7, 21, 1-4).

am Umgang mit der Frage der Menschenwürde an den Rändern des Lebens (Geburt und Tod), inmitten des Lebens (Ehe und Familie) und in Bezug zum Anderen und den Anderen in der Gesellschaft. Der durch Gott befreite Mensch bestimmt sich in seiner Autonomie nicht in Isolation daraufhin, was er als seine Würde sieht, sondern die Würde wird ihm zugesprochen und qualifiziert sich im Zusammensein und im Umgang gerade mit deren Verletzungen. So führen die Moral und Selbstbestimmung bleibend über sich hinaus zu jener Dimension, die allein deren Möglichkeit gewähren kann, nämlich die Freiheit.

Für die Kirche als möglicher Vermittlerin der Moral heißt das, dass die Moralität, für die die Kirche steht und die sie weitergeben kann, nur da an ihr Ziel kommt, wo sie befreiend in die Gesellschaft hineinwirkt, wo sie weder nur auf sich gestellt bleibt, noch wo sie als besserwisserisch im Sinne des Überbietungsanspruchs Moral predigt. Vielmehr muss sie selbst das Herkommen vom Angenommensein, das zuvorderst der Handlungssphäre gelten muss, darstellen können. Dies ist aber letztlich nur dort möglich, wo die Freiheitserhaltung selbst ihrer nicht herstellbaren, unvorgreiflichen, kontingenten Voraussetzungsbedingungen, die der Freiheit ihre offene Struktur und ihre Zweideutigkeit verleihen, eingedenk bleibt.[36]

---

[36] Unsere Verfassung hält dies fest im Grundrecht auf uneingeschränkte Ausübung der Meinungs- und Religionsfreiheit als grundlegendes Menschenrecht, das seinerseits Ausdruck der Würde des Menschen ist. Vgl. Elisabeth Gräb-Schmidt, Freedom of Religion as the Foundation of Freedom and as the Basis of Human rights: Response to Roger Trigg, in: Niek Brunsveld/Roger Trigg (Hrsg.): Religion in the Public Sphere. Proceedings of the 2010 Conference of the European Society for Philosophy of Religion (Ars Disputandi Supplement Series, Vol. 5), Utrecht 2011, 125–144.

Ein solcher Raum ermöglicht es, unterschiedliche Überzeugungsgemeinschaften nicht gegeneinander auszuspielen, sondern sie in der Offenheit zu halten, die Diskurs ermöglicht, ohne die eigenen Überzeugungen aufzugeben. Das aber ist wesentlich für Moral, denn diese Überzeugungen drücken sich in der Eröffnung von Freiheit aus und dies ist gewährleistet durch ihre Rückbindung an ein religiöses Fundament, das allerdings solche Freiheit eröffnen kann. Erfahren wird diese Dimension im Bereich des Inneren der Person. Durch die Perspektive eines Zusammenhangs von Freiheit und Religion gelingt es, einen Raum festzuhalten, der es ermöglicht, in gebildeter Weise ethische Orientierung zu leisten, die nicht im Kampf endet, sondern die Pluralität ermöglicht und die aufgrund ihrer Perspektivität offen und tolerant ist für Differenz. Zu deren Bildungsgestaltung braucht eine Gesellschaft eben einen solchen Raum des Privaten, der öffentlich durch Institutionen der Bildung und durch Institutionen des Rechts, wie etwa der Religionsfreiheit, geschützt wird.

Nicht die Kritik des Rückzugs der Religion in das Private, wohl aber die Kritik der damit verbundenen Nivellierung und Negierung ist berechtigt. Das Private ist ihr genuiner Verwurzelungsort, der gleichwohl eingebunden ist in das Öffentliche und als dieses inspirierend gedacht werden muss.

Verdeutlicht werden kann dies unter anderem, indem man die Werte auf ihre Geltungsbedingungen hinterfragt, die ihrerseits auf den Bereich des Privaten in seiner Funktion für das Öffentliche verweisen. Wie dieses mit der Bildung von und Bindung an Werten interferiert, war Gegenstand dieser Untersuchung. Sie reagiert damit auf das Verkennen der Ambivalenz der säkularen Moderne, die ihrerseits auf einem Verkennen der Ambivalenz der Freiheit und damit auch der Rationalität beruht. Das Verkennen dieser Ambivalenz ist nicht erst die Erkenntnis der Dialektik der Aufklärung, sondern weit vor ihr war es bereits reformatorische Einsicht: Freiheit muss in ihrem Zusammenspiel mit Kontingenz erfasst werden. Das transzendente Moment der Freiheit ist zu beachten. Die Transzendenzvergessenheit der Moderne war sozusagen der Fehler einer aufgeklärten Rationalität, die die Ambivalenz der Freiheit verkannt hat, zum Schaden von Vernunft und Freiheit und mithin zum Schaden humanen Menschseins. Damit ist es wichtig zu erkennen: Das reformatorische Erbe verweist auf eine Zukunft, von deren Verheißungen wir immer schon leben. Seine gewissheitsstiftende leitorientierende Kraft macht uns hellhörig und kritisch für die Aufgaben in der Gegenwart.

5. Theologie und Kirche als Garanten von Moralität

Die Kirche selbst darf sich nicht direkt als moralischer Akteur sehen. Sie ist nicht Hüter der Moral, wohl aber der Moralität. Diese gewinnt ihre Verbindlichkeit aus jenen Bildungsprozessen, die die Unverfügbarkeit und Kontingenz der Gewissheitsbildung und Urteilsfähigkeit bestimmen. Das heißt, Kirche und Theologie können Gewissheiten nicht schaffen, sie symbolisieren aber die Verlässlichkeit, auf deren Möglichkeit zu bauen. Glaube kann jedoch nicht direkt thematisiert werden. So bleibt die Mitteilung zurückhaltend im respektvollen Zurücktreten vor dem Anderen und seiner eigenen Lebenserfahrung und den den sich an diesen bildenden Überzeugungen.[37] Solche Art der Vermittlung und die Wertschätzung

---

[37] Nur mit *likes* und *dislikes* ist es dann in der Reaktion nicht getan. Sie darf

des Wortes muss die Schwierigkeiten im Auge behalten, denen sie in Zeiten der medialen Übernutzung ausgesetzt sind, die unsere Aufmerksamkeit in Beschlag nimmt, oft in irritierender, störender Weise, die nicht nur Öffentliches und Privates vermischt, sondern die dies überhaupt nicht mehr unterscheiden kann. Zur Vermittlung des Glaubens sind jedoch Erhaltung und Unterscheidung dieser beiden Bereiche notwendig. Dies ist moralische Aufgabe auch und gerade der Theologie und Kirche. Es muss deutlich werden: gerade die Stellung des Privaten kultiviert das Öffentliche.[38] Eine Öffentlichkeitskultur wird totalitär, wenn der Bereich des Privaten nicht mehr der Regeneration und Inspiration dienen kann.[39] Vermischungen dieser Bereiche Vorschub zu leisten,

---

trotzdem darauf Bezug nehmen, in der Hoffnung, dass diese *likes* dann auch in eine eigene unvertretbare Urteilsbildung überführt werden. Das ist ureigene Aufgabe der Herausbildung einer Person, die diese Bildung als Bildung der Freiheit durch den Glauben versteht.

[38] Dabei muss dezidiert privat von intim geschieden werden (vgl. Richard Sennet, Verfall und Ende des öffentlichen Lebens. Die Tyrannei der Intimität, Berlin 2008). Sennet hat das Gerinnen des Privaten zum Intimen als das einer Isolation des Privaten vom Öffentlichen ausgemacht und darin das Defizit des Privaten markiert. Dass diese Differenz nicht beachtet und nicht einmal mehr bewusst ist, macht die mediale Öffentlichkeit sichtbar, die mehr und mehr an einer Öffentlichmachung des so genannten Privaten orientiert ist. Aber das regrediert auf diese Weise sofort zum Intimen, indem es den Schambereich verletzt, nicht nur der zur Schau Gestellten, sondern auch der Betrachter, bisweilen so sehr, dass auch das nicht mehr bewusst wird und die Scham sich in Freizügigkeit verkehrt, die nicht selten die Grenzen des Geschmacks überschreitet.

[39] Dies geschieht dort, wo das Private als Privates den öffentlich gewährten Schutzraum des Privaten verlässt, wie es gegenwärtig die Gefahr der medialen Öffentlichkeit ist, wenn das Private selber vom Öffentlichen okkupiert wird und die Unterscheidung sich verselbständigt. Dies geschieht etwa auch dann, wenn diese gleich einem Vexierbild das Private ins Intime

wäre eine im Dienste der Freiheit und Würde des Menschen dringliche Aufgabe, der sich die Kirche des Wortes und die Kirche der Rechtfertigung ethisch stellen sollten. Das gelingt aber nicht durch Moralisierung und Brandmarkung der Verhältnisse moderner Digitalisierung der Lebenswelt. Damit begegnen sie den Menschen nicht mit aufklärender Hilfestellung, nicht mit ermutigenden Selbstverantwortungsvorstellungen, die anziehend wirken können, sondern – in altreformatorisch geprägter Sprache – mit dem Gesetz und nicht mit dem Evangelium. Herausbildung von Moral in christlichem Sinne heißt etwas anderes. Es bedeutet auch nicht einfach, Verhältnisse zu ignorieren und abstrakte Werte zu propagieren. Bildung zur Moralität bedeutet vielmehr: die grundsätzliche Verhältnisbestimmung von Glaube und Handeln, Vertrauen und Kritik in den jeweiligen Verhältnissen zu beachten und zu benennen. Konkret heißt das: es geht bei der Aufgabe von Kirche und Theologie darum, uns über die Voraussetzungsbedingungen unserer Moralität und deren Vorstellungen aufzuklären, nicht um Anklage der Verhältnisse, sondern einen gebildeten Umgang mit diesen. Die Voraussetzungen unserer Moralität und Tugendhaftigkeit ist es, vom Guten angezogen zu werden. Moralität erlernen wir nicht mit Mahnungen, sondern durch die Schaffung von Erfahrungsmöglichkeiten des Guten. Dies kann im Gottesdienst erfolgen, aber auch in diakonischem Handeln, aber nicht zuletzt, sondern zuerst in den Bildungsprozessen der Person, die sich ihrer transzendenten Selbstkonstitution gewiss wird und alles für den Erhalt dieser Selbstdurchsichtigkeit wagt. So hat die Kirche dafür zu sorgen, die Konsequenzen verstell-

---

verwandelt und dieses dann dem Bloß- und Zurschaustellung anheimgegeben ist.

ter Wahrnehmungen des Menschen und der gesellschaftlichen Bedingungen sichtbar zu machen und Bildung von Gemeinschaften zu erhalten, in der diese Durchsichtigkeit als Gewissheits- und Urteilsbildungen kommuniziert werden können.[40]

Konkret heißt das: Beides – die Freiheit und das Gute – ist für eine emanzipative Urteilsbildung unerlässlich. Für die Theologie und Kirche entsteht die Aufgabe, die qualifizierten Voraussetzungen für einen solchen Distanzraum zur Bildung einer sich selbst verstehenden Persönlichkeit mit Urteilsfähigkeit zu benennen. Es muss um das Einbauen eines Hiatus gehen, eines Zwischenraums, der zur eigenen Urteilsbildung anleitet, zu eigenem Nachdenken und vor allem zum In-Beziehung-Setzen zum eigenen Leben. Dazu müssen Theologie und Kirche auf ihren gesellschaftlichen Ort im Öffentlichen und Privaten gleichermaßen hinweisen und die Konsequenzen der Vermischungen und Überschreitungen aufdecken. Denn Öffentlichkeit, die kein Privates kennt, ist eine degenerative Form der Vergesellschaftung, in der jedenfalls weder von einem freiheitlichen Subjekt, noch von einer überindividuellen Wert- und Güterbestimmung ausgegangen werden kann. Diese sind aber ein Indiz mündiger Personalität und freiheitlicher Gesellschaft. Auf diese Freiheit und das Gute zu achten, ist die moralische Aufgabe von Theologie und Kirche.

---

[40] Dabei hat die Nennung der Aufgabe von Theologie und Kirche in einem Atemzug ihren Anhalt darin, dass dies bereits ein gebildetes Verständnis ihrer Verschiedenheit, aber auch Zusammengehörigkeit voraussetzt. Im Anschluss an Schleiermacher ist Aufgabe der Theologie die Kirchenleitung. D. h. ihre Reflexion hat das Kirchesein des Evangeliums zum Gegenstand und zum Ziel.

Die Autoren und Autorinnen

Cordemann, Claas, Dr.,
Oberkirchenrat, ist Referent für Theologische Grundsatzfragen im Amt der VELKD Hannover.

Dahlgrün, Corinna, Dr.,
ist Professorin für Praktische Theologie an der Friedrich-Schiller-Universität Jena.

Fischer, Johannes, Dr.,
ist Professor em. für Theologische Ethik an der Universität Zürich und Leiter des Instituts für Sozialethik.

Gräb-Schmidt, Elisabeth, Dr.,
ist Professorin für Systematische Theologie mit Schwerpunkt Ethik an der Eberhard Karls Universität Tübingen.

Meyer-Blanck, Michael, Dr.,
ist Professor für Religionspädagogik an der Rheinischen Friedrich-Wilhelms-Universität Bonn.

Kamann, Matthias, Dr.,
ist verantwortlicher Redakteur in der Politik-Redaktion der Welt-Gruppe („Die Welt", TV N24), zuständig u. a. für die Berichterstattung über die Evangelische Kirche sowie bioethische Themen.

Schallenberg, Peter, Dr.,
ist Professor für Moraltheologie und Ethik an der Theologischen Fakultät Paderborn und Direktor der Katholischen Sozialwissenschaftlichen Zentralstelle Mönchengladbach.

Slenczka, Notger, Dr.,
ist Professor für Systematische Theologie an der Humboldt-Universität Berlin.

Programmverlauf der XVII. Konsultation Kirchenleitung und wissenschaftliche Theologie

Kirche und Theologie
als Moralagenturen der Gesellschaft?

16.-18. September 2015, Haus Hainstein, Eisenach

Vereinigte Evangelisch-Lutherische Kirche Deutschlands (VELKD)
in Verbindung mit der Union Evangelischer Kirchen (UEK) und der
Evangelischen Kirche in Deutschland (EKD)

Mittwoch, 16.09.2015

Andacht
Landesbischöfin Ilse Junkermann, Magdeburg

Begrüßung und Einführung in die Tagung
OKR Dr. Mareile Lasogga, Amt der VELKD, Hannover

Arbeitseinheit I – Eröffnungsvortrag: „Die Kirche in einer Welt der Optionen"
Prof. Dr. Hans Joas, Berlin

Aussprache im Plenum zu Arbeitseinheit I
Moderation: OKR Dr. Mareile Lasogga, Hannover

Donnerstag, 17.09.2015

Andacht
Prof. Dr. Hellmut Zschoch, Wuppertal

Arbeitseinheit II: Impulsreferate zu Liturgie und Predigt
Prof. Dr. Michael Meyer-Blanck, Bonn
Prof. Dr. Corinna Dahlgrün, Jena

Aussprache im Plenum zu Arbeitseinheit II
Moderation: OKR Dr. Martin Evang, Amt der UEK, Hannover

Arbeitseinheit III: Impulsreferate zu Perspektiven auf Medien
und aus Medien
Prof. Dr. Notger Slenczka, Berlin
Dr. Matthias Kamann, Berlin

Aussprache im Plenum zu Arbeitseinheit III
Moderation: Prof. Dr. Michael Roth, Mainz

Arbeitseinheit IV: Impulsreferate zu öffentlichen Stellungnahmen
und Sozialworten der Kirche
Prof. em. Dr. Johannes Fischer, Zürich
Prof. Dr. Peter Schallenberg, Paderborn

Aussprache im Plenum zu Arbeitseinheit IV
Moderation: Kirchenpräsident Christian Schad, Speyer

Berichte zur Lage:
      – Theologische Fakultäten, *Prof. Dr. Michael Moxter, Hamburg*
      – Kirchenleitungen, *Landesbischöfin Ilse Junkermann, Magdeburg*

Freitag, 18.09.2015

Andacht
KR Thomas Plaz-Lutz, Winterthur

Arbeitseinheit V – Schlussvortrag: Kirche als Moralagentur? Die Aufgabe von Theologie und Kirche im Zeichen der Säkularisierung
Prof. Dr. Elisabeth Gräb-Schmidt, Tübingen

Aussprache im Plenum
Moderation: OKR Prof. Dr. Hildrun Keßler, Kirchenamt der EKD, Hannover

Resümee der Kirchenleitung
Landesbischof Dr. Karl-Hinrich Manzke, Bückeburg

Resümee der Fakultäten
Prof. Dr. Michael Beintker, Münster

Aussprache im Plenum und Schlussworte

Vorbereitungsgruppe EKD – UEK – VELKD:
Prof. Dr. Michael Beintker, OKR Dr. Martin Evang, OKR Prof. Dr. Hildrun
Keßler, OKR Dr. Mareile Lasogga, Landesbischof Dr. Karl-Hinrich Manzke,
Prof. Dr. Michael Roth, Kirchenpräsident Christian Schad